EL CAOS DENTRO DE MÍ

CONSUELO BÍBLICO PARA UN CORAZÓN ANSIOSO

EL CAOS DENTRO DE MÍ

edyah ramos

B&H ESPAÑOL®
BRENTWOOD, TENNESSEE

El caos dentro del mí: Consuelo bíblico para un corazón ansioso

B&H Publishing Group
Brentwood TN, 37027

Diseño de portada: Lindy Kasler

Clasificación decimal Dewey: 241
Clasifíquese: EL BIEN Y EL MAL \ VIDA CRISTIANA \ PECADO

ISBN: 979-8-3845-0452-8

Impreso en EE. UU.
1 2 3 4 5 * 28 27 26 25

Para mi maravilloso esposo Jaasiel.

Eres un instrumento que Dios usa día a día para ayudarme a ir tras el verdadero descanso que solo proviene de Él.

ÍNDICE

PRÓLOGO

Venid a mí todos los que estáis trabajados y cargados,
y yo os haré descansar. Llevad mi yugo sobre vosotros,
y aprended de mí, que soy manso y humilde de corazón;
y hallaréis descanso para vuestras almas;
porque mi yugo es fácil, y ligera mi carga.

Mateo 11:28-30

En los cuatro relatos del evangelio, que abarcan 89 capítulos de las Escrituras, solo hay un versículo, solamente uno, donde Jesús nos habla de la naturaleza de su propio corazón.

Solo en un versículo, de los 3,779 versículos que componen los Evangelios, Jesús nos define su propio corazón. Y entiende que, cuando un judío hablaba de su corazón, hablaba del centro de su ser, de la fuente de la identidad de donde emana la verdadera esencia de su vida.

Por favor, no me entiendas mal. Es cierto que, al leer el relato de la vida de Jesús, podemos dibujar en nuestras mentes un cuadro asombroso de la esencia de Cristo, compuesto con los colores de sus múltiples virtudes. Pero en el único momento en el que el Hijo de Dios nos retira el velo que cubre su corazón y nos deja ver el centro de su ser, Jesús se revela a sí mismo como "manso y humilde de corazón".

De entre todas las opciones, de la gran gama de virtudes divinas, Jesús nos revela que de la fuente de su identidad brota la mansedumbre y la humildad. Aquel hombre que partió la historia en dos, que confrontó a las fuerzas del mal con una valentía sin precedentes, que fue capaz de calmar las tempestades con un susurro de su voz, que predicó los sermones más inolvidables y desafió a los poderes de la muerte, era el hombre manso y humilde.

Pero lo que no me puedo quitar de la cabeza es que, en el momento en el que él se definió de esta manera, lo hizo al pensar en todos los que estamos agotados y cansados, al pensar en nosotros, que estamos tan acelerados intentando cumplir nuestros orgullosos objetivos de vida. Jesús no solo se definió a sí mismo, sino que nos prometió que él nos podría hacer descansar, pero que, para hacerlo, tendríamos que ponernos Su yugo sobre nuestro corazón y aprender a caminar con mansedumbre y humildad. Es como si Jesús nos recordase que todo el agotamiento en nuestra vida es producto de nuestro corazón agitado y orgulloso, como si nos estuviese mostrando que el verdadero descanso no es transformar nuestras circunstancias externas, sino transformar las motivaciones de nuestro corazón.

En este libro que tienes en tus manos, Edyah Ramos nos invita a acompañarla a las profundidades de su corazón agitado y nos muestra con vulnerabilidad cómo Jesús le enseñó los secretos del verdadero descanso. Este es un libro que contiene poderosos principios bíblicos para lograr la paz interior en un mundo acelerado, pero, sobre todo, es un libro sorprendentemente honesto, donde Edyah desnuda las profundidades de su alma para mostrarnos la obra redentora de Cristo en su vida y nos invita a experimentar nuestra propia historia de sanidad con el cardiólogo divino.

Admiro a Edyah por su talento para enseñar las verdades de las Escrituras y la considero una voz de autoridad en nuestra generación, pero la admiro mucho más por hacerse vulnerable delante de todos nosotros y mostrarnos cómo Jesús aún la está sanando. Edyah no solo predica un mensaje, encarna ese mensaje. Ahora, abre tu corazón porque empieza la cirugía.

Por Itiel Arroyo

INTRODUCCIÓN

Desde pequeña me ha gustado escribir, porque considero al papel un confidente al que le puedo expresar todas mis ideas. Lo que quiero decir es que puedo escribir absolutamente todo lo que siento y pienso en el papel sin miedo al juicio, la crítica o la reacción. Así he podido procesar muchos temas complicados que estaban dentro de mí, y esto me ayudó a verlos desde una perspectiva más amplia. Es como si la escritura fuera un rompecabezas. Si tuviéramos un rompecabezas dentro de nuestra cabeza, sería difícil armarlo porque no lo podemos tocar, reacomodar las piezas, verlo con un poco de distancia ni analizarlo en profundidad. Pero si tienes las piezas frente a ti, en una mesa con buena luz, tendrás una perspectiva que te permita ver la situación desde diferentes ángulos hasta encontrar la manera correcta. Más o menos así veo mis emociones y pensamientos, como rompecabezas que necesito plasmar en papel para resolverlos.

Las páginas que tienes frente a ti vienen desde la vulnerabilidad de mis pensamientos y emociones, ya que no vengo a enseñar desde una actitud de superioridad donde tengo todo resuelto, sino desde la realidad de la lucha constante como humana y cristiana a la que me enfrento diariamente. Aunque he crecido en los temas que trato, justamente por el ejercicio de escribir, reflexionar y buscar al Señor, también es cierto que Dios ha sido misericordioso, paciente y amable conmigo al ayudarme a mejorar en este proceso que sigue siendo un área en construcción. Así que exploraremos un poco de mi jornada de vida, con la cual espero que puedas identificarte un poco, y que al final de este libro podamos juntos entender y experimentar lo que es vivir en la paz que solo Dios es capaz de dar en medio del caos de la vida.

Puedo decir con sinceridad que este es el libro donde me presento más vulnerable, y eso es mucho decir porque todo lo que escribo y publico siempre viene desde mis procesos vitales. Creo firmemente que la vulnerabilidad es hermosa porque expone nuestras flaquezas y logramos ver con más intensidad cómo brilla y sobrepasa la gracia de Dios aun en medio de nuestra debilidad.

A veces nos da miedo reconocer que estamos fallando en algun área. Creo que como seres humanos tememos mostrar el fracaso o reconocer que estamos equivocados, y nos parece algo negativo mostrar o exponer nuestras debilidades. Pero si algo he aprendido es que puedo mejorar, madurar, tener una vida diferente y ser perfeccionada en Cristo mientras expongo mis debilidades y le pido al Señor que me ayude a cambiar. Es importante recordar que ya no hay condenación para los que estamos en Cristo y esto no solo aplica para nuestra vida antes de Él, sino que se continúa aplicando en nuestra lucha por la santidad y la consagración a Dios todos los días.

Quisiera invitarte a ser vulnerable mientras lees este libro. No tengas miedo de exponer todo aquello que tiende a robarte la paz y hacerte vivir en un caos, porque solo lo podremos trabajar cuando lo traemos a la luz. Créeme que hay maneras de vivir en completa paz en medio del caos de la vida. No se trata de alcanzar tu mejor vida sin problemas y aflicciones para experimentar la paz, sino buscar la paz abundante y perfecta de Dios que es capaz de proveernos calma en medio de las peores tormentas. Esto no es una monotonía de «Sí, yo sé, he leído las historias y cantado las canciones», sino que es producto de una convicción y obediencia que transforman nuestras vidas.

Los creyentes nos equivocamos cuando aceptamos y normalizamos ciertos pecados. Tendemos a ser prontos para condenar pecados más visibles y que consideramos groseros y escandalosos, pero cuando se trata de los pecados internos —aquellos que no se ven y que aparentemente no le hacen daño a nadie y son supuestamente «normales»—, a esos pecados tendemos a darles una gracia extra, hasta el punto de dejarlos tranquilos y no lidiar con ellos.

Hay un libro buenísimo que explica con más profundidad este tema, titulado *Pecados respetables,* de Jerry Bridges. Se los recomiendo porque trata el tema en profundidad. En cambio, en este libro me gustaría enfocarme en los problemas resultantes del estrés y la ansiedad desde una perspectiva muy personal. Por muchos años he lidiado con ambas dificultades y no fue hasta que entendí que eran producto de un área en la que pecaba que pude mejorar y avanzar. Cuando no entendemos la realidad del pecado que hay en nosotros, lo vemos como normal, lo enfrentamos de una manera equivocada o no trabajamos en la solución.

Ya que el estrés y la ansiedad se han normalizado demasiado, aun como creyentes pensamos que son un estado con el cual debemos vivir, pero esto no tiene que ser así. Quiero recalcar que no vengo a tirar pedradas o juicios, porque yo misma continúo madurando y aprendiendo sobre el tema. Busco mostrarme vulnerable y dar cuenta de mis propios problemas para poder exponer una dificultad real que se esconde en la cotidianidad de la vida. Escribo esto a mis veintiocho años, y puedo admitir que estas han sido las áreas que más me ha costado superar. He mejorado, aprendido, y estoy mejor que antes, pero confieso que no todo está resuelto y tiendo a tropezar. Por eso recalco que no vengo con un tono superior, sino con uno de empatía y de conversación.

Cuando se habla de estos temas, es fácil señalar las razones que validan la manera en que nos sentimos y de alguna forma justifican nuestras reacciones y emociones. Aunque lo que experimentamos es totalmente válido, como hijos de Dios somos llamados a vivir de una manera distinta a la que vive el mundo. Por lo tanto, es importante aprender, meditar y recordar ciertas verdades que nos ayudarán a sobrellevar estas emociones a lo largo de nuestras vidas. Por lo mismo, quise exponer un poco de mi corazón, luchas y experiencias para de alguna manera caminar juntos por esta jornada.

Está en nuestra humanidad buscar descanso, pero muchas veces lo buscamos en los lugares equivocados y continuamos bajo los mismos ciclos que no nos permiten encontrar esos pastos verdes que el Señor ha provisto para que podamos descansar. Cuando se habla de descanso, podemos pensar en descansar de un día pesado y tomar un tiempo definido lejos de alguna actividad. El cristianismo también habla del día de descanso y el descanso en Cristo. Creo que sin importar quiénes somos y dónde hemos crecido, hemos escuchado muchas frases referentes al descanso que guían su significado de múltiples maneras. No sé tú, pero he pasado por temporadas en las que parece que no logro descansar sin importar qué tanto duerma, me aleje de las actividades o dedique tiempo para atender mis necesidades.

Es posible que hayamos creado un significado insuficiente del término *descanso* y nos hayamos conformado con vivir vidas agotadas mental y espiritualmente, como si no existiera otra opción. Debo admitir que continúo aprendiendo sobre la práctica de descanso diariamente. Es un área en la que he batallado mucho desde temprana edad y continúa siendo una que debo llevar a los pies del Señor con regularidad y ajustar ciertos pensamientos y maneras de vivir. Sin embargo, mediante esa lucha también he aprendido mucho sobre mi necesidad de Dios, Su gracia y misericordia. Sin importar cuántas veces regrese a mis viejos patrones, veo cómo el buen Pastor me rescata nuevamente y me instruye para andar por el camino correcto.

Mi mayor anhelo es que a lo largo de este libro puedas ser incomodado y confrontado para que sea muy evidente tu gran necesidad del Salvador. En muchas ocasiones, dejamos a Dios en un tipo de caja donde creemos que solo nos es *útil* para ciertas cosas y negamos la interminable necesidad que tenemos de Él todos los días de nuestra vida. Lo cierto es que no existe un verdadero descanso fuera de Él, pero no logramos vivir esa verdad de manera continua y permanente. Así que espero que este libro ayude a exponer áreas que necesiten trabajo, pero que, sobre todo, sea como un pequeño abrazo que te apunte a la gracia y la misericordia de Dios.

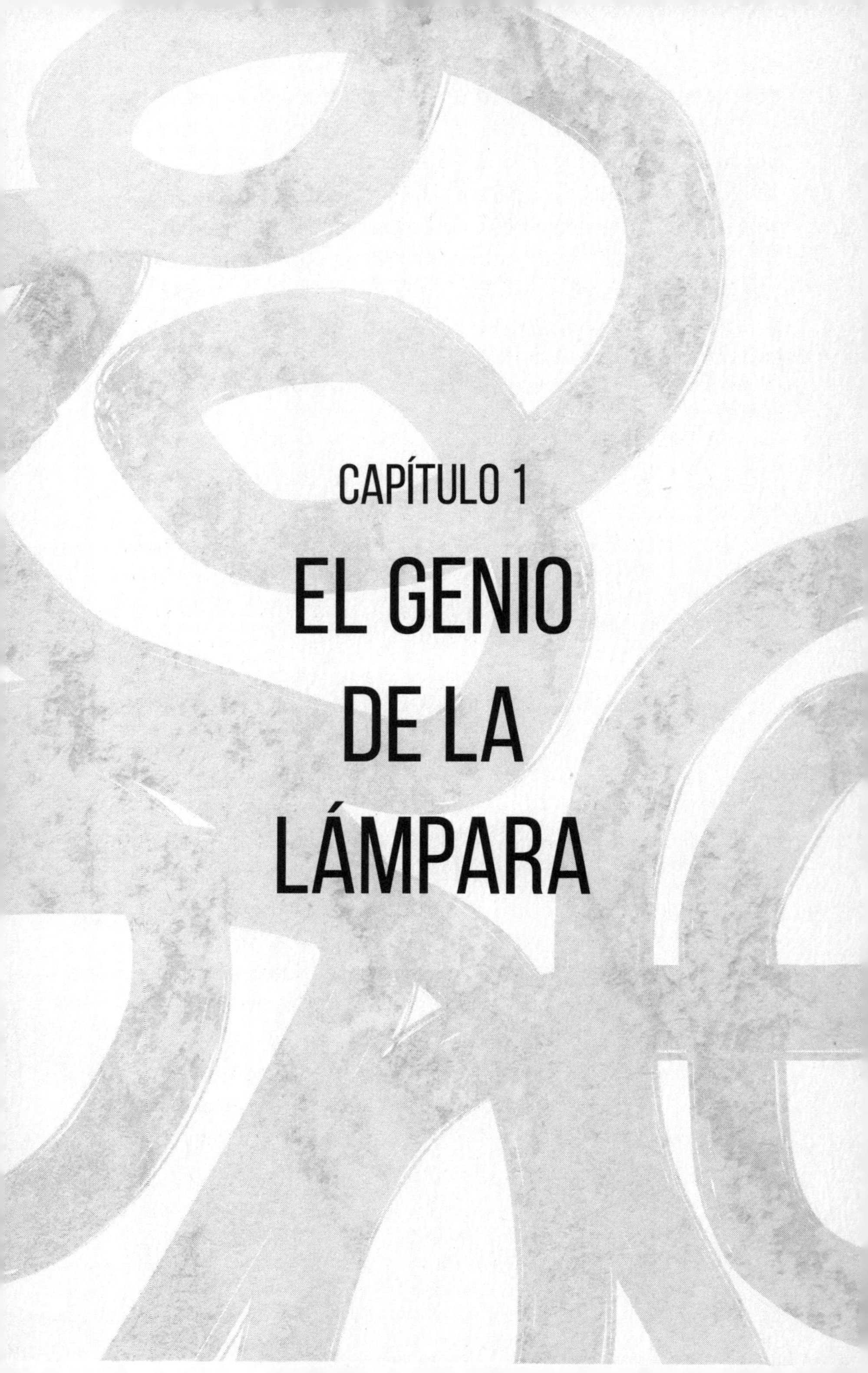

CAPÍTULO 1

EL GENIO DE LA LÁMPARA

Crecí en un hogar cristiano casi desde el principio de mi vida. Digo «casi desde el principio» porque mis papás conocieron a Cristo cuando yo tenía alrededor de cuatro años, y por eso todos mis recuerdos giran en torno a la iglesia y la vida cristiana. Desde pequeña, me encantaba ir a la iglesia, me gustaba saber que los domingos iríamos, disfrutaba muchísimo la música y cómo me sentía después de participar en los servicios.

La iglesia tenía una escuela. Mi hermano y yo asistimos desde kínder hasta sexto grado. Mi vida, mis actividades y mis amistades durante casi toda la semana giraban alrededor de la iglesia. En la escuela se oraba por las mañanas, teníamos curso de Biblia y era como una pequeña burbuja de vida de la cual disfrutaba mucho. No me sentía obligada a asistir a las clases de los domingos, a orar en la escuela o a recibir listas con lo que podía o no podía hacer. Dentro de mí, disfrutaba de esa realidad.

Pero sin importar cuánto de mi vida giraba en torno a la iglesia, la Biblia y el cristianismo, debo confesar que ahora me doy cuenta de que no conocía realmente quién era Dios. Escuchaba sobre Él y sabía lo que *debía y no debía* hacer, pero no conocía quién era realmente Dios. No sé si en algún momento me lo explicaron y simplemente no lo entendí, pero de verdad no recuerdo que nadie me explicara quién era Dios y sobre todo por qué debía obedecerlo y seguirlo. Solo recuerdo a señoras de la iglesia que nos regañaban si escuchábamos música que no era cristiana, pero no nos daban mayor explicación sobre por qué no hacerlo. Aunque nunca fui rebelde, a veces simplemente quería saber el porqué de las cosas, pero por muchos años no obtuve esas respuestas.

A simple vista, podrías pensar que yo era una niña cristiana ya que, de alguna manera, cumplía con todos los requisitos visibles de lo que uno piensa que debe ser un cristiano. Por ejemplo, no decía malas palabras, no veía ciertas caricaturas y películas, escuchaba música cristiana y vivía una vida que muchos consideran «cristiana». Pero hoy en día puedo ver la diferencia en mi vida y admito que en ese entonces vivía mi cristianismo desde algún tipo de legalismo expresado a mi alrededor y también desde la convicción de mis padres. Aunque nunca sentí rechazo por Dios o la iglesia, mi enfoque, creencia y prioridad se encontraban en mis sueños y deseos personales y no en conocer realmente a Dios, adorarlo, servirle y darlo a conocer. Creo que ese fue el inicio de una infección en mi mente y corazón.

La manera en la que veía a Dios era como un Dios bueno que me amaba y que cumpliría los deseos de mi corazón. De algún modo, lo veía como el genio de la lámpara que está presente para cumplir mis deseos. Cada vez que oraba o tenía algún tipo de interacción con Dios, todo tenía que ver conmigo, mis sueños y mi futuro. Esta actitud se debía a que tenía un anhelo inmenso dentro de mí de querer ser alguien y lograr grandes cosas en esta vida, hasta el punto de pasar noches en vela preocupada de que fuera a morirme o que el mundo se acabara y que yo no lograra hacer nada con mi vida. Bueno, mis afanes comenzaron a una edad muy temprana y no solo fueron parte de mi infancia, sino que me marcaron y llegaron a ser un área débil en mi vida, con la cual continúo trabajando y aprendiendo a sobrellevarla y cambiarla hasta el día de hoy.

MIEDO A NO SER

A veces, intento forzar mi memoria lo más posible al pasado para obtener algunas respuestas sobre las razones por las que soy así el día de hoy. Dentro de los muchos recuerdos que vienen a mi mente, la mayoría tiene que ver con la pequeña Edyah anotando en cuadernos todos sus sueños y haciendo listas de lo que quería lograr en la vida. Esas listas de sueños por alcanzar pronto se convirtieron en oraciones en las que rogaba a Dios que, por favor, no se acabara el mundo sin que antes pudiera lograr algunos de esos sueños en mi vida.

Yo sé que podría sonar exagerado decir que una niña pequeña pensaba en esas cosas, pero es la verdad. Pasaba horas soñando y anhelando alcanzarlos en el futuro. Sentía mi piel estremecerse cada vez que veía películas motivadoras que trataban sobre alcanzar los sueños y vencer los miedos. No podía evitar llorar porque pensaba que si pasaba por esas experiencias iba a significar que había llegado a la cima de mi vida y cumpliría mi propósito.

Cualquier persona que me conoce desde pequeña sabe que siempre fui muy específica con mis sueños y, aunque no lo crean, lo que más quería era cantar, actuar y modelar. Mi más grande anhelo era estar en un escenario frente a miles de personas que gritaran mi nombre y cantaran mis canciones. Aunque muchas niñas llegan a anhelar este tipo de cosas, para mí era una búsqueda real; no lo decía por decirlo. No quería una vida común y corriente; quería lograr grandes cosas y tenía una meta específica de lo que buscaba que mi vida fuera.

Desde pequeña, fui muy soñadora y determinada. Tenía muy claro que si quería lograr mis sueños y todo lo que anhelaba, debía invertir todo de mí para lograrlos. No sé realmente de dónde surgió esta filosofía de vida, pero lo cierto es que pensaba así desde muy pequeña. Mi infancia, aunque fue bella y con recuerdos que atesoro en mi corazón, también la recuerdo llena de frustraciones por todos esos miedos de no llegar a alcanzar algo extraordinario con mi vida. Ese miedo a la frustración en el futuro me llevó muchas veces a no disfrutar lo que estaba viviendo en ese momento particular de mi vida.

Algo de culpa de mi actitud intensa para con mis sueños la tuvieron mis padres, ya que nunca me hicieron sentir como que había algo que no pudiera lograr. Podía hablarles del sueño más absurdo y me decían que lo podía lograr. Un solo ejemplo será suficiente para que no pienses que exagero. De seguro has escuchado de la serie de películas tituladas *Twilight* o *Crepúsculo*. La pareja de personajes principales iba a tener una hija, y comenzaron las audiciones para encontrar a la pequeña. Con el riesgo de que vivas bajo una piedra y jamás hayas oído de estas películas, se tratan de vampiros y hombres lobo. Sé lo que estás pensando, pero esto era lo máximo cuando era adolescente.

Los protagonistas que tendrían una hija eran vampiros con piel pálida y cabello oscuro. Bueno, yo soy bastante pálida con cabello oscuro. Para mis padres, eso era suficiente para decirme que podía participar de la audición y que podría obtener el papel con seguridad. Esa es una muestra de su apoyo que hizo que durante mi vida sintiera que no había límite a lo que pudiera alcanzar. Sin duda, si hoy les dijera que me quiero meter en política para un día ser presidente, mis padres me dirían que siga adelante porque lo puedo lograr. Pero más allá de las locuras que me planteé en mi vida, agradezco haber tenido padres tan presentes que siempre han creído en mí y en mi potencial.

Todos mis sueños y anhelos, aunque definitivamente me impulsaron en la vida, también crearon en mí el miedo a «no ser». Es decir, tenía tanto miedo a ser un «don nadie» en mi vida que escapar de eso se convirtió en la motivación máxima y el enfoque de mi vida. El personaje principal de la mayoría de las películas sobre sueños siempre tiene inseguridades. No es la persona más extraordinaria ante quienes lo rodean, pero llega un día en el que las inseguridades se van, descubre su potencial y llega a ser alguien extraordinario. Eso se quedó tan impregnado en mi vida que simplemente crecía en mí la certeza de que debía llegar a ser alguien en esta tierra antes de morir.

Estas metas, sueños y aspiraciones me pusieron en modo «nunca parar» porque no había tiempo que perder. Tenía la mentalidad de que si quería lograr un sueño debía esforzarme cada segundo de mi vida para no dejar que ninguna oportunidad se me escapara de las manos. Todo el tiempo había esta voz en mi mente que me decía que me tenía que esforzar, hacer más, planear más, soñar más y, sobre todo, no decepcionar a mis padres. Vuelvo a recalcar que no sé de dónde provino esa actitud porque, para ser sincera, mis padres nos animaban mucho, pero nunca fueron súper exigentes con mi hermano o conmigo. Sin embargo, esa voz interior solo crecía y se volvía más prominente sobre mi vida. Debo admitir que esa presión se volvió como una carga sobre mi espalda que me hacía sentir el peso de no poder fallar como persona o como soñadora.

EL AFÁN DE HACER

Ya que había tanto en mí que quería hacer realidad, mi mente nunca paraba y estaba siempre en modo *activo*. Ya les he dicho que eso no fue solo durante mi infancia, sino que se convirtió en mi modo de vida. Esa ambición, motivación y determinación se convirtieron, al mismo tiempo, en mis mejores amigos y peores enemigos.

Fueron mis mejores amigos porque me ayudaron a ver oportunidades y no obstáculos en la vida. Era tanta mi determinación de lograr mis metas que siempre estuve enfocada y me esforzaba en todo lo que estuviera en mis manos. Realmente son atributos, pero también es un claro ejemplo de cómo el corazón humano tiende a pervertir absolutamente todo, hasta las mejores virtudes. Debido a que mi enfoque y motivación no eran Cristo, esos atributos se convirtieron en una esclavitud para mi vida y, por ende, llegaron a ser mis peores enemigos. Es una de las muchas evidencias de que, si Cristo no es el centro de todo, terminamos en un caos total.

Llegué a ser una persona que necesitaba constantemente hacer algo porque, de otra manera, sentía que desperdiciaba mi vida. Era solo una niña, pero si un sábado me despertaba después de las diez de la mañana me ponía de mal humor porque sentía que había desperdiciado mi día. Puede sonar hasta cómico, pero era la realidad de mi vida. No solo eso, sino dejaba de jugar para ponerme a hacer listas de lo que quería lograr en mi vida, diseñar planes específicos de lo que tenía que hacer para lograr mis metas o mis juegos eran imaginarme que había logrado mis sueños.

Como puedes darte cuenta, mi pasión se convirtió en el motor de mi vida y todo a mi alrededor giraba en torno al cumplimiento de mis metas. Ya que estas convicciones y mentalidad se desarrollaron a una edad temprana, para mí era totalmente normal vivir bajo esa presión y pensar de esa manera. Aunque veía que otros niños no eran como yo, mi justificación era que ellos tendrían vidas ordinarias y no era lo que yo quería para mí. Por lo tanto, tenía que hacer las cosas de forma diferente para alcanzar una vida extraordinaria.

Esta manera de ser no solamente era para mis sueños, sino que se desarrolló en todas las áreas de mi vida. Siempre sentía que no podía desperdiciar mi vida y que debía estar haciendo algo para alcanzar mis sueños. Este anhelo de *ser* me llevó a una mentalidad sin descanso e imparable. Todos los días mis pensamientos y decisiones iban dedicados a cómo podía llegar a ser alguien. ¿Sabes lo cansador que es vivir bajo esa presión? ¡Es agotador! Es demasiado difícil poner sobre tus propios hombros la responsabilidad de convertirte en alguien extraordinario. Esto me convirtió, de alguna manera, en una persona afanada que constantemente sentía la necesidad de hacer algo, porque ponía mi valor e identidad en lo que hacía o dejaba de hacer.

No conocía la paz ni el descanso porque los confundía con pereza y falta de productividad. Cada segundo de mi día debía entrelazarse con alguna actividad de algún tipo, y no me daba el tiempo para parar y descansar. Era como estar corriendo junto a un reloj y apresurarme al escuchar las manecillas sonar. Como solo había un objetivo en mi vida, no quería desperdiciar mi tiempo y correr el riesgo de no lograrlo.

NO PUEDO PARAR

La mentalidad de querer ser alguien y la obsesión por cumplir mis sueños me llevaron a adoptar una manera de ser que, en ese momento, creí que era normal y que consistía en no parar jamás. Como sabía que mis sueños eran difíciles de lograr, mi mente siempre estaba pensando en el siguiente paso, en lo que debía hacer y cómo planear su logro al máximo de mis capacidades.

Durante mi preadolescencia y adolescencia, se inició el boom de YouTube y su inmensa popularidad. Dentro de las mil tonterías que la gente publicaba, lo que a mí me entretenía era ver a otras personas grabándose en sus cuartos cantando. No hay palabras suficientes para expresarles la emoción y expectativa que sentía de querer hacer lo mismo. Era para mí como un boleto hacia el logro de mis sueños. Invertía todo mi tiempo libre viendo videos y soñando ser como las personas que admiraba en internet.

Cuando se acercaba mi cumpleaños número quince, mis papás comenzaron a preguntarme si iba a querer una gran fiesta de quinceañera, un viaje o algún otro regalo. ¿Sabes qué elegí? ¡Una computadora portátil con cámara! Mis ojos estaban en la meta que me había propuesto y sabía que tenía que poner manos a la obra. Ese fue el inicio de los próximos cinco años de mi vida que pasé grabando videos para mi canal de YouTube. En caso de que te genere curiosidad conocer el contenido, de una vez te digo que, gracias a Dios, logré borrar y cerrar ese canal antes de comenzar mi nueva jornada en el ojo público; entonces, esos videos ya no existen. La verdad, eran un tanto vergonzosos porque tenía mirada de pánico en la cámara y llegué a hacer algunos videos un tanto *cringe*.

Pasé esos cinco años generando mucho contenido, participando en audiciones en cualquier oportunidad que tenía, cantando en donde pudiera y hasta llegué a participar en un programa de telerrealidad que era una competencia de modelaje en la televisión local. No había otra cosa en mi mente más que poder alcanzar esos sueños porque para mí el fracaso no era una opción.

Mientras me desvivía por hacer todo lo que estuviera a mi alcance, seguía orando a Dios pidiéndole que, por favor, me ayudara a cumplir mis sueños. Tenía la convicción de que si tenía esos anhelos tan arraigados era porque Él los había puesto en mi corazón. Pensaba que, si Dios era bueno y me amaba, entonces tenía que cumplir lo que tanto anhelaba. Así que seguí trabajando y confiando en que Dios hiciera Su parte en algún momento.

Siempre fui muy abierta con mis sueños y el contenido que creaba era público; por eso, las personas que me rodeaban llegaron a conocer lo que quería y lo que hacía. Eso generó una presión aún más grande sobre mí. Ya no solo era el miedo del fracaso personal, sino también el temor a la crítica, la vergüenza a la burla que podría recibir de las personas si no lograba concretar mis sueños. Eso añadió más combustible al fuego que tenía dentro de mí y que me impedía parar o siquiera descansar un momento. Ya no solo era esclava de la productividad, sino también de la aprobación de las personas.

Los siguientes años de mi vida, corrí detrás de ese sueño. Entre más *hacía* más quería seguir *haciendo*. Cualquier paso que lograba avanzar me impulsaba para continuar sin parar. Sin importar los obstáculos o las inseguridades, mi esperanza estaba en llegar a esa cima anhelada. El tiempo avanzaba y mis sueños se incrementaban, haciéndome cada vez más adicta a buscar sin parar caminos que me llevaran a la meta.

NO ME GUSTA QUIÉN SOY

Una de las muchas desventajas de querer tener las riendas absolutas de nuestras vidas es que desconocemos el futuro y, por lo tanto, no sabemos lo que va a pasar. Nos abrumamos sobremanera porque somos finitos; nuestro conocimiento es demasiado limitado y muchísimos aspectos de la vida misma están fuera de nuestro control. Querer vivir con las riendas de nuestras vidas en las manos solo nos puede dejar en una condición: ¡agotados!

Ya tenía veinte años, me había esmerado mucho y había tenido algunas buenas oportunidades. Estaba comenzando a ver un poco de fruto de ese esfuerzo, pero la verdad es que me sentía frustrada con quién era como persona. Si leíste mi libro *Encontrando el camino,* sabes un poco de lo que hablo. Mientras intentaba alcanzar lo que tanto anhelaba me perdí en el camino, perdí de vista lo que era más importante y me entregué a una comida chatarra que era incapaz de saciarme.

Cuando hago memoria de esa temporada de mi vida, veo a una Edyah que no tenía esperanza. Estaba muriendo por dentro poco a poco, pero seguía aferrada con uñas y dientes a mis sueños porque creía que alcanzarlos solucionaría absolutamente todo. Llegué a un punto en el cual sentía que iba en neutro por la vida, completamente vacía. Al parecer, no había razón alguna para sentirme de esa manera ya que tenía a mi familia unida, todo estaba bien en casa, tenía trabajo, amistades y continuaba trabajando en mis sueños, pero algo no estaba funcionando y sentía que, conforme pasaban los días, algo se iba apagando dentro de mí.

Es cierto que solo conocía a Dios de una manera superficial, pero sí había ciertas convicciones personales a las que debo reconocer que les había dado la espalda. La poca relación que tenía con Dios había desaparecido por completo de mi vida y junto con eso también habían desaparecido la paz y el gozo dentro de mí. Sentía una profunda desesperación interior y lo único que pensaba era que necesitaba volver a Dios. Recordaba cómo disfrutaba la iglesia, la vida en comunidad, la música y la lectura de la Biblia. Por eso creía que en Dios se encontraba la solución.

Decidí comenzar a involucrarme más en la iglesia, tener amistades dentro de la iglesia y volver a una rutina de vida cristiana. Aunque esta vuelta a la iglesia servía para apaciguar mis emociones, la verdad es que me seguía sintiendo desconectada en mi interior, sentía igual un gran vacío dentro del corazón. No importaba a cuántas reuniones de domingo o jóvenes asistiera, nada cambiaba en mi interior.

Durante esa temporada oscura, mis papás me recomendaron ver la película *Dios no está muerto*. Tenía cero interés en verla porque pensaba que sería una película de baja producción y muy cursi. Un día, andaba demasiado aburrida y no encontraba nada por hacer o ver y me crucé con esa película. Ya como último recurso decidí verla, por falta de opciones. No te contaré los detalles de la película, pero te la recomiendo si no la has visto todavía. Necesito explicarte un poco de lo que vi para que me entiendas. El protagonista de la película se encuentra en un dilema entre reconocer a Dios y enfrentarse a su profesor, su clase, su novia y su familia. Su disyuntiva estaba en tomar la decisión de darle la espalda a Dios y así, de alguna manera, tener una vida libre de problemas. Este muchacho decidió reconocer a Dios y se mostró dispuesto a perderlo todo con tal de no negar a Jesús.

Fui muy confrontada por la trama de la película porque me di cuenta de que por mucho tiempo me llamé cristiana y decía creer y seguir a Dios, pero no era verdad. Quería gozar de los beneficios de Dios con respecto a mis sueños, pero lo cierto es que no estaba realmente dispuesta a seguirlo. No estaba dispuesta a perderlo todo por Su causa, no estaba dispuesta a vivir para

Él. La película terminó, caí de rodillas y le pedí perdón a Dios porque lo había negado muchas veces y mi vida no reflejaba una verdadera confianza en Él. Me arrepentí y lo reconocí como mi Señor y Salvador.

Ese día marcó mi vida de una manera impresionante. Todo comenzó a cambiar a partir de ese momento, pero para mi sorpresa, ese cambio no vino tan rápido como me hubiera gustado. Lo entiendo como si en ese instante se hubiera apretado un interruptor dentro de mí, y comenzaron a suceder cambios que aún no eran visibles para mí.

¿QUÉ IMPLICA SEGUIR A JESÚS?

Ese momento de iluminación me permitió reconocer que muchos aspectos en mi vida debían cambiar, pero no estaba segura de cuáles eran. Aunque ya había entendido que realmente no vivía para Jesús, en ese momento inicial ni siquiera hubiera querido considerar la posibilidad de renunciar a mis sueños o cambiarlos. Había puesto tanta esperanza y había sacrificado tanto por muchos años que, de verdad, no podía considerar ese tipo de renuncia como opción. Lo que se me hizo más lógico era simplemente cuidar más las canciones que cantaba e incorporar canciones cristianas a mis *covers* de YouTube.

Lo primero que pensé fue que tener un equilibrio en mi vida era la respuesta. Lo veía como una manera accesible de tener lo mejor de los dos mundos, algo así como un atajo al éxito, pero con Dios de mi lado. Aunque entendía que mi vida no podía ser igual, busqué la manera de que Dios y el cristianismo fueran parte de mi jornada sin necesidad de cambiar realmente nada de lo que había en mi corazón.

Duré algunos meses con ese aparente equilibrio entre mis sueños y mi relación con Dios. Realmente sentía un poco de cambio dentro de mí, pero seguía sin poder sentirme totalmente bien en mi interior. No lograba entender qué más podía o debía hacer para sentirme en completa paz y gozo en mi vida. Ahora puedo voltear atrás y ver cuán misericordioso y paciente es Dios con nosotros en nuestra necedad y malas maneras de vivir. Él, a Su tiempo, nos va puliendo y dirigiendo hacia donde debemos ir.

Mientras seguía con esas luchas dentro de mí y sin poder tener claridad de qué debía hacer para seguir a Jesús y lo que eso significaba, me tocó hacer un corto viaje sola. Por alguna razón, los aviones y yo tenemos una clase de amistad, o bueno... así le digo yo. Al estar sola, alejada de todo y sin poder usar mi celular, volar siempre me ayuda a aclarar pensamientos, inspirarme y hablar con Dios de manera sincera en momentos complicados.

En esa ocasión, viajaba de San Antonio a El Paso para el cumpleaños número setenta de mi abuelita materna. Mis papás mi hermano ya estaban allá y solo me estaban esperando a mí. Para ese vuelo, me llevé un libro de ficción de las crónicas de Lucky Santangelo, una hija adolescente de un mafioso. No creo que haga falta aclarar, pero se trataba simplemente de un libro de ficción que había comprado en un aeropuerto.

Todavía recuerdo como si fuera un sueño todos los detalles de ese vuelo, pero mientras iba leyendo este libro que narra muchos de los aspectos negativos que ocurren en la privacidad de personas millonarias, famosas y de influencia, una convicción me cayó como un balde de agua fría. Percibí que lo que tanto anhelaba y la cima a la que tanto quería llegar no era un final feliz, sino un mundo totalmente vacío, perdido y lleno de lo que estaba leyendo en ese libro.

Fue totalmente inusual lo que pasó por mi mente en ese momento, pero era como si pudiera verme caminando sobre una soga que va de una montaña a otra y abajo hay lava. Sabía que si me mantenía aferrada a la soga podía llegar a la siguiente montaña que simbolizaba mis sueños, pero si daba un solo paso en falso, caería a la lava y lo perdería todo. En ese momento, me di cuenta de que lo que tanto estaba tratando de alcanzar era como un espejismo en un desierto, porque traería más cosas negativas que positivas. Entendí que estaba dispuesta a poner en riesgo absolutamente todo por la fama, el éxito, la aprobación de las personas y por querer ser alguien de renombre. Me di cuenta de que no valía la pena.

En ese momento, dejé mi libro, cerré los ojos y comencé a orar. Recuerdo claramente haberle dicho a Dios: *Dios, no quiero nada en dónde tú no estés. Voy a borrar todas mis cuentas de redes sociales, todo lo que he trabajado y quiero lo que tú quieres. No importa si es limpiar baños; lo que sea, eso quiero hacer.*

Bajé de ese avión sintiéndome totalmente otra persona. Aunque no tenía respuesta sobre mi futuro o dirección sobre el siguiente paso, sí tenía la convicción de que tenía que dejar de ir tras ese gran sueño de mi corazón. Sabía que tenía que borrar todas mis cuentas de redes sociales y realmente buscar a Dios y vivir para Él con todo mi corazón. En ese momento, supe que debía morir a mis deseos y anhelos, tomar mi cruz y seguir a Jesús adonde Él quisiera. Entonces, con miedo de soltar el control y por primera vez en mi vida sin rumbo ni dirección definidos de antemano por mí misma, sentí una paz incomparable que no había experimentado en mucho tiempo.

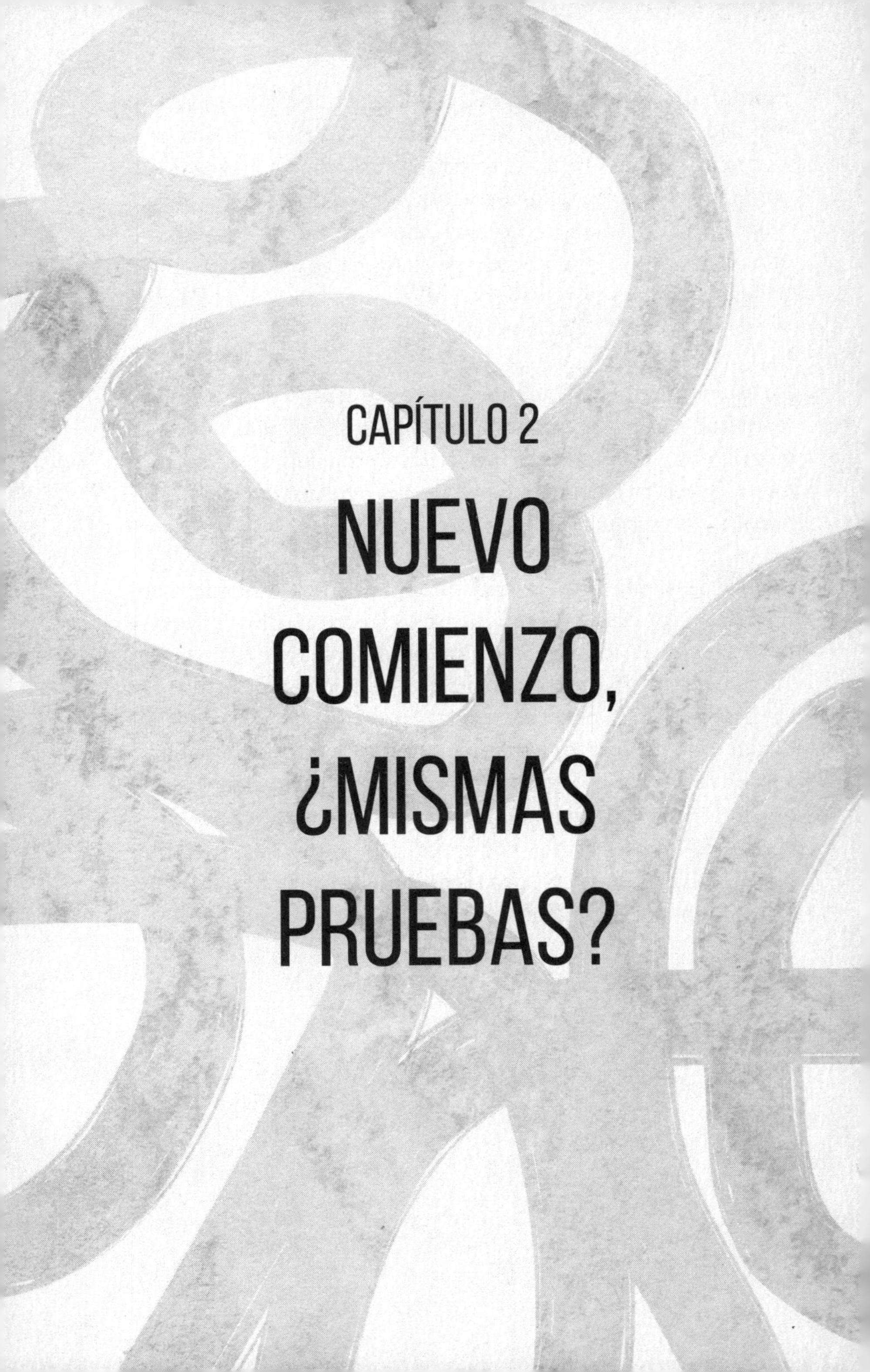

CAPÍTULO 2

NUEVO COMIENZO, ¿MISMAS PRUEBAS?

Uno tiende a pensar que, si alguien decidió seguir a Cristo por completo, eso ya traería consigo la solución de todos los problemas, ¿cierto? Pues no. Aunque definitivamente ya no sentía ese vacío que antes tenía y ahora gozaba de una nueva esperanza en la vida, todavía seguía sin saber realmente lo que significaba tener una nueva relación con Dios y una vida nueva en Cristo. Todavía había pecado que llevar a la cruz, ideas y luchas dentro de mí que se tenían que enfrentar.

El entusiasmo y la convicción que sentí en aquel viaje en avión me llevaron a borrar absolutamente todas mis grabaciones desde el mismo momento en que llegué a casa. Estaba gozosa y tranquila, pero no tardé mucho en comenzar a cuestionarme qué sería de mi vida de ahora en adelante. Había tenido solo un sueño y objetivo por tanto tiempo y ahora me quedaba sin dirección precisa para mi vida. Pasé varios días orando y meditando sobre qué hacer. Por primera vez le preguntaba a Dios qué hacer con mi vida a la luz de lo que Él quería, y no producto de mis propios anhelos y deseos.

La verdad es que no pasó mucho tiempo antes de discernir cuál podría ser el siguiente paso. En esos días de meditación y oración, se me vino el pensamiento: «Si hacías videos y usabas tus talentos para el mundo, ¿por qué no usarlos para Dios?». En ese momento, se me ocurrió una gran idea que llevé de inmediato a la práctica. Agarré mi cámara y luces, me senté en mi cama, grabé mi testimonio y lo subí a un nuevo canal de YouTube, que en su momento llamé *Encontrando el camino*. Ese fue el inicio de todo lo que ha pasado en mi vida hasta el día de hoy, incluyendo este libro.

Desde esos momentos, ya estaba dedicando mi vida a conocer a Dios, aprender de Su Palabra y compartir lo que iba aprendiendo. Realmente no podía quedarme callada con todo lo que iba descubriendo sobre Dios y mi anhelo era que otras personas también lo conocieran. Veía cómo mi vida iba siendo transformada poco a poco, y mi hambre por pasar tiempo con Él, orar y ayunar iba en aumento. Formaba parte del grupo de alabanza dominical y de los grupos de jóvenes. Mi vida giraba en torno a Jesús, la iglesia y crear contenido hablando de Él.

Percibía ese tiempo como el inicio de un nuevo capítulo en mi vida y realmente pensaba que todo sería una línea recta hacia el horizonte. Sin embargo, esos días aparentemente perfectos no duraron mucho tiempo. Personas comenzaron a hablar mal de mí y a esparcir rumores sobre mi carácter dentro de la iglesia. Algunas amigas cercanas creyeron lo que se decía de mí y me dieron la espalda. De sentirme en la cima del mundo, ahora me sentía completamente sola. Ese rechazo inesperado y sin fundamento me dejó confundida y sin entender lo que estaba sucediendo. Por eso decidí hablar con el pastor, pero no me prestó mucha atención, no vio la gravedad de lo que me estaba pasando y por eso todo siguió igual. Mis papás se dieron cuenta de lo mucho que me estaba afectando la situación y decidieron que sería sabio buscar otra iglesia.

Esa situación tan dolorosa produjo el inicio de una ansiedad que no tenía la menor idea de hasta dónde llegaría. Todos los miedos de mi infancia y adolescencia se estaban volviendo realidad. Estaba experimentando el rechazo de las personas, sus burlas y críticas, me sentía invalidada y había vuelto a perder el aparente control de mi vida. No entendía cómo un nuevo capítulo me hacía vivir las mismas pruebas y miedos del pasado.

EL COMIENZO DE LA ANSIEDAD

Durante mis años finales en la preparatoria, hubo momentos en los que sentía que se me salía el corazón. Recuerdo un momento específico mientras subía las escaleras para llegar a mi siguiente clase y mi corazón latía con tal intensidad que creí sufrir un paro cardíaco. Me detuve a la mitad de las escaleras muerta de miedo y con las manos en mi pecho para sentir mi corazón. Un chico me vio y me preguntó si estaba bien. Como no sabía lo que me pasaba, le dije que estaba bien y continué con dificultad mi día.

Hoy ya se habla sobre el tema y se conoce mucho de la ansiedad; ya no es tan tabú como hace algunos años. Sin embargo, pasé mucho tiempo sin saber que tal cosa existiera y mucho menos que yo la padeciera. La enfrentaba simplemente pensando que estaba enferma o que había algo malo en mi cuerpo. Llegué a tener varios episodios de ansiedad, pero eran bastante esporádicos y los trataba de ignorar hasta que con el tiempo se iban, por lo que nunca llegué a comunicarle a nadie cómo me sentía porque, aunque lo hubiera querido comunicar, no tenía las palabras para explicar lo que me pasaba.

El problema en la iglesia gatilló la ansiedad en mí, pero ahora de una manera que nunca había experimentado. Comenzó a ser diaria, permanecía durante la mayor parte del día y hasta me impedía dormir. En ese punto, seguía sin saber qué era la ansiedad y solo sabía que me sentía mal. Pensaba que quizás era el café, pero no se solucionaba si lo dejaba de tomar. También empecé a evaluar mis hábitos alimenticios, pero llegué a la conclusión de que no era nada externo, sino que tenía que ver con mi mente y mis emociones. Entonces, aunque no sabía en específico qué era la ansiedad, sí sabía que tenía que combatirla.

En otros momentos de mi vida, hubiera buscado ser mi propia fuente de sustento y fortaleza, pero ahora estaba conociendo a Dios, Su poder y sabía que es un Dios realmente presente que no es indiferente a mis luchas cotidianas. Por lo tanto, no busqué encontrar la solución dentro de mí, sino en Él. Comencé a leer un salmo antes de dormir. A veces, leía mientras estaba llorando, temblando y con el corazón latiendo con intensidad, hasta el punto de sentirme fuera de control con mi propio cuerpo. Sin embargo, encontré mucha paz y fuerza leyendo los Salmos:

Salmo 3

Señor, ¡cómo han aumentado mis enemigos!
Son muchos los que me atacan,
son muchos los que me dicen
que tú no vendrás en mi ayuda.
Pero tú, Señor, me rodeas como un escudo;
eres mi orgullo, el que sostiene mi vida.
Con mi voz clamaré a ti, Señor,
y tú me responderás desde tu lugar santo.
Yo me acuesto, y duermo y despierto,
porque tú, Señor, me sostienes.
Aun si me rodean legiones de soldados,
no tengo nada que temer.
Señor y Dios mío, ¡acude a rescatarme!
¡Hiere a todos mis enemigos en la mejilla!
¡Rómpeles los dientes a esos malvados!
A ti, Señor, te corresponde salvar;
¡derrama tus bendiciones sobre tu pueblo!

Salmo 27

El Señor es mi luz y mi salvación;
¿a quién podría yo temer?
El Señor es la fortaleza de mi vida;
¿quién podría infundirme miedo?
Mis malvados enemigos me ponen en aprietos;
se juntan y hacen planes de acabar conmigo,
pero son ellos los que tropiezan y caen.

Aunque un ejército acampe contra mí,
mi corazón no se amedrentará;
aunque me ataquen y me declaren la guerra,
en esto fincaré mi confianza:
Le he pedido al Señor, y sólo esto busco:
habitar en su casa todos los días de mi vida,
para contemplar su hermosura y solazarme en su templo.
Cuando vengan los días malos,
él me esconderá en su santuario;
me ocultará en lo más recóndito de su templo,
me pondrá en lo alto de una roca.
Ante los enemigos que me rodean
me hará levantar la cabeza,
y llevaré a su templo mis ofrendas de alegría
y allí cantaré salmos al Señor.
Señor, escúchame cuando a ti me dirija;
¡ten compasión de mí, y respóndeme!
A mi corazón le pides buscar tu rostro,
y yo, Señor, tu rostro busco.
Tú eres mi Dios y salvador;
¡No escondas de mí tu rostro!
No apartes con enojo a este siervo tuyo,
pues siempre has sido mi ayuda.
¡No me dejes ni me desampares!
Podrían mi padre y mi madre abandonarme,
pero tú, Señor, me recogerás.
Por causa de mis adversarios,
enséñame, Señor, tu camino
y llévame por el camino recto.
Testigos falsos y violentos se levantan contra mí;
¡no permitas que hagan conmigo lo que quieran!
¡Yo estoy seguro, Señor, que he de ver
tu bondad en esta tierra de los vivientes!
¡Espera en el Señor!
¡Infunde a tu corazón ánimo y aliento!
¡Sí, espera en el Señor!

Me di cuenta de que los salmos escritos por David mostraban que su mundo estaba en caos con regularidad, tenía problemas dondequiera que iba y realmente no tenía control de nada. David abre su corazón y expresa de forma vulnerable cómo percibe su situación, sus luchas, sus miedos e inquietudes, pero no se queda en ese lugar. Cada salmo nos permite ver cómo siempre reconoce quién es Dios aun en medio de sus problemas. Su confianza estaba puesta en Dios en medio de la adversidad y tenía tal fe que sabía que no había mayor refugio que el Señor.

La lectura de los salmos siempre me quebrantaba porque me enseñaba que debía vivir bajo la sombra de las alas de Dios (Sal. 57:1). Estaba entendiendo que la vida cristiana no significaba que nunca iba a sufrir o pasar por adversidad, sino que podía confiar porque Él iba delante de mí y no me iba a desamparar. Puede sonar raro que diga esto, pero estoy muy agradecida con Dios por esa temporada de dolor. Ese fue el inicio de mi jornada de aprendizaje para refugiarme en Dios y entender que lo necesitaba en los mejores y peores momentos de mi vida. Mi fe fue realmente pulida a través de esos momentos difíciles, y me sirvieron para llegar a ser quien soy hoy día. Esas pruebas me dieron pasajes que hasta el día de hoy me consuelan y recuerdan quién es el Dios en quien confío.

UNA OLA MÁS FUERTE

Esa ansiedad intensa duró varios meses, pero poco a poco comencé a ver la luz al final del túnel. Cada día me iba sintiendo mejor, renovando mis fuerzas en Dios, y crecía la expectativa de lo que sería mi vida. Pero cuando creí haber superado lo peor de la ansiedad, algo sucedió dentro de mí que casi me hace perder la esperanza de que todo mejoraría.

La verdad es que no puedo recordar qué lo originó o por qué perdí nuevamente mi rumbo, pero se intensificó lo que creí haber superado. Ya no tenía solo una ansiedad funcional. Es decir, antes, aunque no dormía bien y tenía ansiedad la mayor parte del día, seguía trabajando, grabando mis videos y haciendo mi vida más o menos normal. Ahora, era distinto. Empecé a tener una ansiedad tal que me causaba pánico hablar con otras personas y hasta salir con mis propias amigas. Solo me quería aislar y mientras más tiempo pasaba a solas, más me aterraba la idea de salir al mundo exterior.

Desapareció la aparente paz que creí haber alcanzado, porque ahora la ansiedad dirigía por completo mi vida. Debido a que soy de piel muy blanca y me pongo roja con facilidad, se hace muy evidente cuando estoy ansiosa. Pasé por una temporada en que me ponía roja por todo sin importar con quién estuviera, lo que estuviera haciendo o diciendo. La gente tiende a burlarse y hacer evidente cuando una persona se sonroja, y eso hace que la experiencia sea mil veces peor. Eso me llevó a aislarme mucho más por el miedo a sonrojarme y ser avergonzada.

Tal vez suene casi como un asunto trivial, pero en ese momento sentía que no podía tener una vida normal porque tenía demasiado miedo de ser avergonzada. Lo peor es que no sabía por qué de la nada comenzó a pasarme eso. Desde pequeña, me había sonrojado a menudo en momentos muy específicos, pero ahora era casi todos los días y aun si no me pasaba nada vergonzoso. Me sentía traicionada por mi propio cuerpo. No solo eso, sino que también tengo una condición en la piel llamada rosácea, y por eso tenía un par de años con mi piel ya enrojecida debido a la inflamación. Eso obviamente no ayudaba a mi situación.

Intenté seguir haciendo mi vida, pero cada vez se me hacía más difícil. Ya no soportaba la clase de ansiedad que estaba experimentando. Me sentía totalmente perdida en mis emociones e incapaz de vencerlas. Si llegaba a salir de mi casa, pronto me arrepentía, sentía un nudo en la garganta y tenía ganas de volver de inmediato. Ahora sé que esos ataques de ansiedad me llevaban a cohibirme cada vez más y reforzaban la idea de que no podía salir de mi casa. Aunque en ese momento no sabía qué hacer, me rehusaba a pensar que tenía que vivir de esa manera. Decidí que no podía lidiar con este problema sola y que necesitaba buscar ayuda.

Recuerdo que un domingo, durante la alabanza, sentí un nudo en la garganta y ganas de llorar. La ansiedad me llevaba a querer estar aislada de todos. Cada vez que salía de mi casa, me sentía expuesta y con ganas de salir corriendo. Así me sentía en ese momento; solo quería esconderme y estar sola. Pero ese mismo sentimiento me dio la fuerza para hacer algo porque, nuevamente, me rehusaba a pensar que así sería el resto de mi vida.

Mi mamá me había hablado de una señora de la iglesia que era psicóloga y que daba consejería. Nunca la había saludado ni nos habíamos presentado, pero mi mamá ya me la había mostrado de lejos. Ese domingo, ella estaba sentada unas tres hileras en frente de nosotros, así que, con todos mis miedos, me levanté, toqué su hombro y le pregunté si podía hablar con ella.

Salimos del auditorio y le conté lo que estaba sintiendo y por todo lo que estaba pasando. Me propuso empezar a reunirnos semanalmente para procesar lo que estaba viviendo a la luz de la Biblia. Estoy tan agradecida a Dios por haberla puesto en mi camino y que fuera alguien que lo amaba y entendía el valor de las Escrituras, porque realmente mi proceso de sanidad no hubiera sido igual sin ella. También estoy muy agradecida al Señor porque me quitó el miedo a pedir ayuda. Había escuchado por tanto tiempo que el psicólogo era para locos o que pedir ayuda era desconfiar en Dios, que yo misma me bloqueaba y me quedaba sola. Sin embargo, pude experimentar cómo Dios también equipa a Su iglesia para acompañar a aquellos que necesitan una ayuda especial y hasta profesional. Esa no ha sido la única ocasión en la que corrí a buscar ayuda de personas que aman a Dios para que me acompañen en mi quebranto. Me gusta compartirlo para quitar ese estigma de que debemos poder solucionar todo por nosotros mismos.

ANSIEDAD SOCIAL

Las diversas sesiones que tuvimos nos llevaron a la conclusión de que padecía de ansiedad social. El tipo de ansiedad que experimentaba se activaba en entornos sociales y, en consecuencia, me atemorizaba interactuar con las personas. Ese miedo me llevaba a querer aislarme y sentirme muy insegura durante mis interacciones sociales, aun con mis amigas cercanas.

Parte de nuestras pláticas se enfocaron en llegar a la raíz de mi situación. Todas nuestras circunstancias influyen de una manera u otra y terminan generando algún tipo de resultado. Recuerdo que ella me hacía preguntas para ayudarme a entender lo que me hacía caer en la ansiedad. No es fácil descifrar nuestros miedos y emociones, pero de lo poco que podía decir en ese momento (porque realmente me sentía perdida en mí misma), entendí que se trataba del miedo a ser avergonzada. Uno de mis miedos era sonrojarme sin control y que la gente se burlara de mí.

Parecía que podíamos ponerle algún tipo de nombre a mi situación, pero ahora anhelaba entender por qué me estaba sonrojando y qué era lo que me llevaba a sentirme avergonzada de mis propias palabras y acciones. Mi gran miedo, lo que estaba provocando esta revolución dentro de mí, era que lo que dijera o hiciera no tuviera algún tipo de aprobación de las personas y que eso me llevara a caer por completo en pánico emocional.

Había cargado por tanto tiempo con máscaras en mi vida, me había escondido detrás de sueños, detrás de una mentalidad de *fake it till you make it* (finge hasta que lo logres), que ahora me sentía expuesta. Ya no había máscaras en mi vida y me sentía al descubierto porque no tenía la menor idea de quién era sin ocultarme tras mis sueños y ambiciones. Me sentía perdida porque no conocía mi identidad en Cristo y, por lo tanto, era susceptible a sucumbir y tropezar ante los comentarios de los demás. Era la primera vez en toda mi vida que no iba cargando con todas estas etiquetas que por tanto tiempo me había creado. Eso me dejaba en una posición bastante vulnerable.

HIJA DE DIOS

Al entender de dónde venían mi miedo y mi caos mental, pude comenzar un proceso de la mano de Dios para renovar mi mente a la luz de Su Palabra. La mayor parte de mi vida, había puesto mi identidad y mi valor en mi talento, mis sueños y en lo que pudiera alcanzar en mis propias fuerzas. Básicamente, había hecho un *dios* de mí misma al buscar ser yo misma quien creaba, planeaba y hacía suceder las cosas en mi vida. Todo estaba motivado por mi búsqueda de comprobación de que era *alguien* y por mi necesidad de aprobación y validación de otras personas. Era necesario deconstruir todas esas maneras de ser y construir unas nuevas que se alinearan con la Biblia.

Desde el momento en que solté mis sueños, desapareció ese gran escudo y solo se quedó la necesidad de aprobación y validación de los demás. Empecé a orar y pedirle a Dios que me ayudara a entender que mi identidad no estaba en la opinión de otros; ni siquiera en mi opinión, sino que se encontraba única y totalmente en el hecho de ser Su hija. Aunque había creído en el sacrificio de Jesús y había ciertos cambios en mi vida, todavía faltaba que mis pensamientos fueran renovados y mi identidad fuera establecida firmemente en la verdad. Me encanta la manera en que lo expresa Juan: «Miren cuánto nos ama el Padre, que nos ha concedido ser llamados hijos de Dios. Y lo somos» (1 Jn. 3:1).

Fue un gran despertar tener la claridad meridiana de que todos mi miedos, inseguridades y luchas estaban ligados directamente a un falso entendimiento de mi valor e identidad. Me ayudó a establecer una pauta para comenzar a escarbar y arrancar raíces que continuaban dando fruto malo en mi vida. Era el inicio de un proceso que no significaba que de inmediato todos mis afanes y luchas internas desaparecieron, sino que ahora tenía el conocimiento para poder enfrentarlo de la manera correcta. Si no conocemos cuál es el problema, será muy difícil poder atacarlo.

Le había dado la autoridad a la gente que me rodeaba para hacerme sentir valiosa, admirada y deseada, y de igual manera le había dado la autoridad para hacerme sentir rechazada. Por lo tanto, cambió completamente el juego al poder entender que el Señor no solo me había creado, sino que también había entregado Su vida para rescatarme y así darme valor y una identidad en Él.

Continúo en este proceso y lo tengo siempre presente en mi mente, en especial al estar expuesta a las redes sociales. Con frecuencia recibo críticas, juicios u opiniones de personas que no me conocen, pero que quieren ejercer algún tipo de presión sobre mí. En esos momentos, recuerdo que mi identidad está en Cristo, que mi valor está en Él y Su opinión es la más valiosa sobre mi vida. No quisiera que mi propio testimonio solo suene bonito o inspirador. Sé que, si luchas con inseguridades y ansiedad, mis palabras pueden ser como una pequeña esperanza y, aunque sí los son, realmente se trata de una lucha que debe conllevar de tu parte mucha intencionalidad y dependencia de Dios.

PONIENDO EL CONOCIMIENTO EN PRÁCTICA

Los creyentes solemos tener un conocimiento regular de la Palabra de Dios, pero fallamos en ponerla en práctica en nuestros momentos de crisis. Antes de correr a Dios y a la Biblia, tendemos a correr en mil direcciones y buscar incontables soluciones. Esto es producto de que no vivimos y dependemos de las Escrituras. No lo he dicho para hacerte sentir mal, porque nadie está exento de actuar de esa manera errónea.

Ahora que había puesto en evidencia lo que por años me había robado la paz, estaba en un proceso de lidiar con mi propia guerra mental. Aunque tenía días buenos, también tenía otros malos que me hacían querer perder la esperanza. Sin embargo, sabía que justo en esos momentos se profundizaba mi dependencia de Dios y el conocimiento sobre Su carácter.

Recuerdo que la ansiedad empezó a inundarme cuando estaba en una fiesta de Navidad de la iglesia. Nuevamente me sentía expuesta, con mucho miedo y solo con ganas de correr y llorar. Me levanté de la mesa porque temía entrar en un ataque de pánico y comencé a caminar por los pasillos, tratando de procesar mis emociones y orar. Mientras caminaba, me crucé con un cuadro que me llevó al quebranto y la esperanza al mismo tiempo. Era una pintura que representaba a Jesús andando sobre el Mar de Galilea. Veamos el pasaje bíblico que cuenta la historia:

> Enseguida, Jesús hizo que sus discípulos entraran en la barca y que se adelantaran a la otra orilla, mientras él despedía a la multitud. Luego de despedir a la gente, subió al monte a orar aparte. Cuando llegó la noche, Jesús estaba allí solo. La barca ya estaba a la mitad del lago, azotada por las olas, porque tenían el viento en contra. Pero ya cerca del amanecer Jesús fue hacia ellos caminando sobre las aguas. Cuando los discípulos lo vieron caminar sobre las aguas, se asustaron y, llenos de miedo, gritaron: «¡Un fantasma!». Pero enseguida Jesús les dijo: «¡Ánimo! ¡Soy yo! ¡No tengan miedo!».
>
> Pedro le dijo: «Señor, si eres tú, manda que yo vaya hacia ti sobre las aguas». Y él le dijo: «Ven». Entonces Pedro

salió de la barca y comenzó a caminar sobre las aguas en dirección a Jesús. Pero al sentir la fuerza del viento, tuvo miedo y comenzó a hundirse. Entonces gritó: «¡Señor, sálvame!». Al momento, Jesús extendió la mano y, mientras lo sostenía, le dijo: «¡Hombre de poca fe! ¿Por qué dudaste?». Cuando ellos subieron a la barca, el viento se calmó. Entonces los que estaban en la barca se acercaron y lo adoraron, diciendo: «Verdaderamente, tú eres Hijo de Dios» (Mat. 14:22-33).

La pintura representaba a Jesús caminando sobre el agua mientras extendía Su mano para agarrar a Pedro que se estaba hundiendo. Me quedé contemplando la pintura y recordando la historia. Sentía que me estaba ahogando como Pedro, pero en mi mar de emociones, a pesar de afirmar que mi confianza estaba en Dios. En ese instante, era una mujer con poca fe que, en lugar de sentir seguridad en su Salvador, comenzó a verse a sí misma y empezó a hundirse al contemplar su insuficiencia. Pero también me trajo paz recordar a ese Dios lleno de gracia y misericordioso que se compadece de nuestra debilidad. Jesús no soltó a Pedro y tampoco nos suelta a nosotros, aun en nuestras fallas y momentos de incredulidad, sino que con amor nos confronta y nos abraza para encontrar seguridad solo en Él.

Reflexionar a través de esa historia reflejada en aquel cuadro fue clave para mi vida, porque pude ver la fe y la incredulidad de Pedro, pero también la fidelidad, la fortaleza, la misericordia y la constancia de Jesús. En muchos momentos me sentía firme en Cristo y dependiente en Él, pero en otros me volvía y me miraba a mí misma, a mis emociones, debilidades y nuevamente comenzaba a caer en la incredulidad. Hay que recordar que Pedro fue rescatado no solo del agua, sino de su propia incredulidad. Esto trajo descanso a mi corazón, porque entendí que no se trata de cuán perfecta pueda ser o de qué tan firme me mantenga, sino de Quién me sostiene *siempre* y sin importar si estoy en mi mejor o peor momento.

EL QUE CALMA LAS TORMENTAS

Ya les he dicho que entender ciertas verdades no transformó mi vida de la noche a la mañana, pero sí me fue equipando para aprender a luchar día a día. Solía pensar que *creer en Dios* y *hacer las cosas bien* significaba que mi vida sería libre de aflicciones, pero no fue hasta que me rendí a Cristo que un terremoto sucedió dentro de mí y a lo único que podía aferrarme era a las palabras de Jesús: «En el mundo tendrán aflicción; pero confíen, yo he vencido al mundo» (Juan 16:33).

Fue un proceso entender que realmente esta vida trae aflicciones, que no existe tal cosa como: «Soy cristiano y por eso mi vida es perfecta». Lo que sí aprendí es a depender de Aquel que es capaz de calmar mis tormentas o de hacerme atravesarlas a salvo. Hay una historia similar a la que les compartí recientemente; es otra ocasión donde Jesús estaba en una barca con Sus discípulos:

> Ese mismo día, al caer la noche, Jesús les dijo a sus discípulos: «Pasemos al otro lado». Despidió a la multitud, y partieron con él en la barca donde estaba. También otras barcas lo acompañaron. Pero se levantó una gran tempestad con vientos, y de tal manera las olas azotaban la barca, que ésta estaba por inundarse. Jesús estaba en la popa, y dormía sobre una almohada. Lo despertaron y le dijeron: «¡Maestro! ¿Acaso no te importa que estamos por naufragar?». Jesús se levantó y reprendió al viento, y dijo a las aguas: «¡Silencio! ¡A callar!». Y el viento se calmó, y todo quedó en completa calma. A sus discípulos les dijo: «¿Por qué tienen tanto miedo? ¿Cómo es que no tienen fe?» (Mar. 4:35-40).

Esta historia me continúa acompañando hasta el día de hoy porque, aunque mi guerra emocional de ansiedad no es una tormenta física, sí es una tormenta en mi interior. Si Dios tiene el poder y la autoridad para hablarles a los vientos y las aguas y calmarlos, cuánto más poder y autoridad tiene para calmar mis tormentas interiores al ser Su hija. Esta historia me entregó dos lecciones con respecto a mis luchas.

En primer lugar, la ansiedad puede hacerme reaccionar con incredulidad y reclamos hacia Dios, y llevarme a actuar y reaccionar como si Dios fuera indiferente a mi sufrimiento, o como si no estuviera enterado de mi situación. Es como los discípulos que entraron en pánico y corrieron a Dios porque estaban convencidos de que morirían, aunque Jesús mismo estaba con ellos en la barca.

En segundo lugar, pude recordar que Jesús cuidaba de mí con autoridad suprema aun en medio de mis tormentas. Recordé que sentía esa gran tempestad emocional por las noches, por lo que cerraba mis ojos y me imaginaba en esa barca. Pero en lugar de entrar en pánico, me imaginaba recostada junto a Jesús. Todavía sentía miedo, incertidumbre y luchaba con mi débil humanidad, pero seguía creyendo que Jesús estaba en ese lugar con todo Su poder y autoridad inigualables y podía calmar las aguas en un segundo si así lo quería.

Siempre vuelvo a esa historia cuando regresan mis luchas y me imagino nuevamente en esa barca. Aunque Dios tiene todo el poder para hacer callar nuestras tormentas, en ocasiones también las *permite,* pero sin dejar de tener el control sobre nuestras vidas. Es bajo esa situación dramática cuando puedo reaccionar con incredulidad o con confianza de que, en medio del caos de la vida, Él sigue siendo mi fuente de paz, y que lo único que debo hacer es mantenerme aferrada a Él porque nunca dejará de tener cuidado de mí.

CAPÍTULO 3

LA BATALLA CONTINÚA

Es indudable que el día que reconocí a Cristo como mi Señor y Salvador comenzó un cambio en mi vida, pero eso no significa que ya era perfecta, que los problemas desaparecieran o que jamás lucharía con nada. Iba cambiando en mi manera de pensar, mis prioridades y maneras de ver la vida, pero las heridas y patrones que había construido a lo largo de mi vida seguían presentes y todavía tenían que sanar y cambiar. Había llegado el momento de romper hábitos pasados, pero no fue, no ha sido y tampoco será tan sencillo. Entre mis diversas luchas, depender de Dios y vivir en Su paz han sido dos de los más grandes retos con los que debo confesar que tropiezo con regularidad.

No, no has comprado una autobiografía de Edyah, pero mi intención es ser vulnerable al mostrarte mi propia realidad, porque espero que alguna parte de mi historia resuene con la tuya. Debemos darnos cuenta de que la vida cristiana no es una línea recta libre de luchas, sino que es un camino largo que tendrá retos y momentos difíciles que pueden ser usados para conocer más de Cristo y ser moldeados a la luz de Su verdad. Solo al ver nuestro quebranto podremos comprender nuestra necesidad de un Salvador y lo inmenso de Su obra a nuestro favor.

Solemos ser arrastrados por el caos de la vida sin saber que los hijos de Dios tenemos la oportunidad dada por Dios y Su gracia de vivir de una manera distinta. Somos muy buenos en encontrar excusas para nuestros fracasos, pero cuando vemos ejemplos de luchas reales de personas reales, esos testimonios pueden ayudarnos a ver con claridad que, aun en medio de las luchas, Dios es capaz de traer cambio, paz y descanso para nuestras almas.

Te he mostrado un poco de mi infancia y adolescencia porque creo que la mayoría de aquello con lo que lidiamos en el presente no surge de la nada, sino que tiene raíces profundas en nuestras experiencias pasadas. En ocasiones, lidiamos con nuestras debilidades de manera superficial o creemos que son el resultado de algo que está pasando en este preciso momento, cuando en realidad vienen desde muy atrás.

Llegar a los pies de Cristo no es el fin de la carrera. Por el contrario, es el comienzo de una jornada que continuará por toda la eternidad junto a Él. Ahora estamos viviendo el tiempo que conlleva conocer más de Dios y de Su Palabra, y con la ayuda del Espíritu Santo, comenzamos a ser transformados. Uno de los errores más grandes que podemos cometer como cristianos es quedarnos simplemente en el «sí, yo ya puse mi fe en Jesús, fin» y creer que ya no hay nada más por hacer.

Leemos la Palabra todos los días porque vamos siendo confrontados y equipados para continuar peleando nuestras batallas, pero ahora de una manera diferente; es decir, no peleamos solos sino con Cristo. Para el Padre, toda la vida de Sus hijos es relevante. No hay circunstancia o lucha que le sea indiferente a nuestro Salvador. Por eso es importante que no separemos *las cosas de Dios* del *resto de nuestra vida,* como si todo lo que somos no le perteneciera por completo a Él.

Por lo tanto, la Palabra de Dios es la mejor herramienta no solo para satisfacer nuestros intereses o apetitos religiosos, sino para poder ser guiados, conocer la voluntad de Dios, crecer en intimidad con Él y también encontrar auxilio en medio de todas y cada una de nuestras luchas cotidianas sin excepción. Su Palabra transforma nuestra forma de ver la vida y, como dice el autor de Hebreos:

> La palabra de Dios es viva y eficaz, y más cortante que las espadas de dos filos, pues penetra hasta partir el alma y el espíritu, las coyunturas y los tuétanos, y discierne los pensamientos y las intenciones del corazón (Heb. 4:12).

Seguimos peleando la batalla, pero ahora, en Cristo. El Espíritu Santo nos equipa para poder enfrentar esta vida con esperanza y paz. Nadie ha dicho que es fácil; requiere disciplina e intencionalidad para poder crear ese hábito necesario de estudiar y memorizar las Escrituras, pero es posible con la ayuda del Espíritu Santo.

LAS ESCRITURAS

Desde que empecé a seguir a Cristo comencé, de alguna manera, a leer la Biblia o, mejor dicho, como de seguro te pasa también a ti, a querer crear el hábito de la lectura cotidiana de las Escrituras. Todavía no entendía la importancia ni la relevancia del hábito constante de leer la Palabra de Dios. Sentarme a leer la Biblia fue por muchos años una obligación costosa y hasta aburrida. Él Señor prometió que el Espíritu Santo nos guiaría a toda verdad y fue obrando en mí para acercarme a las Escrituras de la manera correcta.

Lo primero que entendí fue que la única manera para conocer realmente a Dios es mediante la Biblia. A veces nos llamamos cristianos, pero no sabemos en Quién confiamos, dudamos de Su carácter y vivimos una vida de fe débil e ignorante. Esto se debe a que creamos nuestras propias expectativas y creencias en lugar de ir a la fuente de toda verdad. Es más fácil repetir frases populares como: «Yo creo en un Dios que...» o «Yo no creo en un Dios que...», y armar con esas pocas palabras nuestra propia idea de Dios o la forma en que debería obrar.

Cuando leemos la Biblia y entendemos que hemos sido comprados a precio de sangre, redimidos y adoptados en la familia de Dios por la obra de Jesucristo, esa comprensión nos debe llevar a vivir por la fe esas bendiciones, y eso abre nuestro apetito para conocer más de ese Dios que nos ha salvado. Esto solo es posible leyendo la Biblia. Aprendemos sobre Dios en comunidad, en la iglesia y mediante libros, prédicas y enseñanzas, pero ¿cómo vamos a saber lo que es cierto o no si no leemos por nosotros mismos lo que Dios ha dejado para Sus hijos?

Durante mis tiempos de lectura bíblica personal he sido confrontada, he encontrado dirección, herramientas para afrontar mi ansiedad, he aprendido a vivir la vida que me corresponde como hija de Dios. No puedo dejar de implorarte que, si aún no tienes ese interés genuino por leer la Biblia, se lo pidas a Dios. Él es tan fiel y bueno que nos ayuda en nuestras debilidades.

Quisiera escribir mucho más sobre este tema de la paz y continuar aprendiendo, pero puedo decirte sin dudar que la Biblia es esencial para poder encontrar y vivir en esa paz que tanto anhelamos. La Biblia no es un libro más o una carga infructuosa para nosotros. Por el contrario, es la mismísima Palabra poderosa y viva de Dios, y tenemos el gran privilegio de tener acceso a ella.

PREPARARNOS PARA EL DÍA MALO

Era muy importante recalcar la necesidad de la Biblia, porque lo que quiero hablarte ahora no tendría ningún sentido sin el fundamento de la Palabra de Dios. Pablo habla en la carta a la iglesia en Éfeso sobre la batalla que enfrentamos y la armadura que los creyentes debemos tener todos los días:

> Por lo demás, hermanos míos, manténganse firmes en el Señor y en el poder de su fuerza. Revístanse de toda la armadura de Dios, para que puedan hacer frente a

> las asechanzas del diablo. La batalla que libramos no es contra gente de carne y hueso, sino contra principados y potestades, contra los que gobiernan las tinieblas de este mundo, ¡contra huestes espirituales de maldad en las regiones celestes! Por lo tanto, echen mano de toda la armadura de Dios para qué, cuando llegue el día malo, puedan resistir hasta el fin y permanecer firmes. Por tanto, manténganse firmes y fajados con el cinturón de la verdad, revestidos con la coraza de justicia, y con los pies calzados con la disposición de predicar el evangelio de la paz. Además de todo esto, protéjanse con el escudo de la fe, para que puedan apagar todas las flechas incendiarias del maligno. Cúbranse con el casco de la salvación, y esgriman la espada del Espíritu, que es la palabra de Dios (Ef. 6:10-17).

Lo primero que llamó mi atención fue el llamado a *tomar toda la armadura de Dios* para que, en el momento en que llegue el día malo, podamos *estar firmes*. Estamos acostumbrados a que llegue el caos para empezar a buscar al Señor y saber qué hacer. Hay tanta verdad liberadora, promesas y esperanza en las páginas de la Biblia, pero en nuestros «días buenos» no nos interesan tanto porque *todo va bien*. Pero apenas nos falta la paz, llega la ansiedad, las cosas empiezan a salir mal, enfrentamos tentaciones o simplemente luchamos con algo, de un segundo a otro, queremos saber cómo reaccionar con fe y confianza en Dios. Pero es imposible que esto suceda si no nos preparamos de antemano.

Pablo enfatiza la necesidad de que todos los días estemos firmes con la armadura de Dios bien puesta para poder resistir la llegada del día malo. Podemos compararlo con una pelea de boxeo. Los boxeadores no llegan simplemente a pelear, sino que llevan un entrenamiento previo intenso y un estilo de vida que los capacita física y mentalmente para poder resistir los golpes y ganar la pelea. Nosotros también somos boxeadores que peleamos contra las tentaciones, la ansiedad, las preocupaciones, las ofensas y simplemente contra el caos de la vida. No podemos pretender estar equipados automáticamente durante los momentos difíciles sin un entrenamiento previo, ¿no es cierto?

Solemos ahogarnos en las adversidades y se nos hace imposible tener paz, gozo, dominio propio o sabiduría porque no tenemos el conocimiento ni el entendimiento de las herramientas y las promesas provistas por Dios, y tampoco hemos practicado ni hemos vivido las verdades de Dios en el día bueno. La vida cristiana no se practica solo los domingos o los días de servicio en alguna actividad de la iglesia. Se vive todos los días bajo la dirección de la Palabra de Dios en todas las áreas de nuestra existencia, sin importar qué tan insignificantes puedan parecer.

LA ESPADA

Pablo habla de la importancia de estar firmes, y ahora quisiera que hablemos sobre una parte fundamental de la armadura. La figura de la armadura nos permite entender que son partes dadas por Dios para poder enfrentar la guerra. Es con lo que nos cuidamos y también con lo que nos defendemos.

El pasaje de Efesios menciona que la figura de la espada del Espíritu representa a la Palabra de Dios. Recuerdo que la primera vez que entendí eso mi mente estalló, y fue algo que quedó impreso como una verdad imborrable en mi mente. Necesitamos la Palabra de Dios (la Biblia) para defendernos, porque ahí encontramos la verdad de quién es Él, de quiénes somos nosotros y lo que Él espera de nosotros. La Biblia nos presenta el carácter de Dios, el significado de ser Sus hijos y nos capacita para enfrentar las demandas que vivimos en esta tierra.

Es posible que tu incapacidad para encontrar la paz se deba a que tienes un falso entendimiento de lo que es la paz. En ocasiones, nuestra ansiedad es provocada por creer mentiras que nos atormentan. Nuestra paz es tan débil que se evapora con las tentaciones que enfrentamos. También podría ser que estás pasando por aflicciones y piensas que es imposible tener paz en medio de tales circunstancias. Sin embargo, la Biblia habla de cada una de esas circunstancias y no solo de manera superficial, sino también de forma profunda y práctica. No solo eso, sino que el Señor nos demuestra que Él permanece con nosotros y nos ayuda en medio de nuestras dificultades.

Ese conocimiento certero de la Palabra de Dios nos ayuda a enfrentar todo lo que nos desafía en esta vida. Si te sientes arrastrado por tus emociones y circunstancias, me gustaría que respondieras estas preguntas y analizaras el rol que tiene la Biblia en tu vida: ¿Usas las Escrituras como pan diario o como un libro abrumador que es solo relevante durante 45 minutos los domingos? ¿Estás equipado con la espada de la Palabra de Dios o sigues intentando enfrentar tu realidad en tus fuerzas y conocimiento?

EL CAOS DE LA MENTE

Uno de los mayores campos de batalla que enfrentamos los seres humanos se encuentra en nuestra mente. Todas mis luchas con la ansiedad comienzan con pensamientos de incertidumbre, inseguridad, comparación, temor al futuro, preocupaciones o cualquier pensamiento que pueda entrar y asentarse en mi mente con mi permiso. En nuestra mente luchamos con los pensamientos negativos que nos dan vueltas, las dudas y todas las otras cosas que podemos agregar a la lista de nuestras luchas.

Esta clase de lucha tiende a robarnos la paz porque si nuestra mente está llena de caos, entonces nuestro corazón también lo estará y, por ende, caminaremos inundados con pensamientos y emociones negativos. Es en estos momentos que la paz de Dios se vuelve incomprensible porque tenemos muchas *excusas* aparentemente «válidas» para no tener paz. Por ejemplo, decimos: «No puedo tener paz porque tengo muchas preocupaciones» o «Es que tú no entiendes, tengo demasiada ansiedad que no me permite descansar». Somos muy buenos para encontrar razones que validan nuestra falta de paz. Sin embargo, a lo largo de la Biblia encontramos pasajes como los siguientes:

> Por eso me acuesto y duermo en paz, porque sólo tú, Señor, me haces vivir confiado (Sal. 4:8).
>
> La paz les dejo, mi paz les doy; yo no la doy como el mundo la da. No dejen que su corazón se turbe y tenga miedo (Juan 14:27).
>
> Estas cosas les he hablado para que en mí tengan paz. En el mundo tendrán aflicción; pero confíen, yo he vencido al mundo (Juan 16:33).
>
> Porque el ocuparse de la carne es muerte, pero el ocuparse del Espíritu es vida y paz (Rom. 8:6).
>
> Pues Dios no es Dios de confusión, sino de paz... (1 Cor. 14:33).
>
> Pero el fruto del Espíritu es amor, gozo, paz, paciencia, benignidad, bondad, fe, mansedumbre, templanza. Contra tales cosas no hay ley (Gál. 5:22-23).
>
> Que en el corazón de ustedes gobierne la paz de Cristo, a la cual fueron llamados en un solo cuerpo. Y sean agradecidos (Col. 3:15).

Cuando yo misma luchaba contra mi ansiedad, llegué a leer pasajes como estos y me di cuenta de que algo estaba haciendo mal. No conocía la paz porque la mayor parte de mi vida estaba regida por las preocupaciones, inseguridades, ansiedades y el cansancio mental y emocional. Podía leer que tenemos un Dios de paz y que tenemos acceso a ella, pero me preguntaba: «¿Por qué yo no la experimento?». Estaban estas verdades y promesas frente a mí, pero no eran una realidad en mi vida.

Estos pasajes nos apuntan a la manera en que los creyentes debemos tener paz. Debo admitir que ese tipo de pasajes, aunque traían algún tipo de esperanza, al mismo tiempo me producían desánimo porque me sentía como excluida de poder tener esa clase de paz de Dios en mi vida. Sin embargo, seguí leyendo la Biblia y llegué a otros pasajes que me fueron dando un poco más de dirección en cuanto a lo que debía hacer para poder obtener esa clase de paz.

¿ADÓNDE VAN MIS PENSAMIENTOS?

Ya te he contado que desde pequeña tuve muchas luchas emocionales. Tenía presiones, expectativas, miedos e inseguridades que reinaban en mi cabeza e influían en toda mi vida. Cuando comencé a lidiar de frente con la ansiedad, me di cuenta de que mis crisis surgían de mis pensamientos. Estos eran tan fuertes y negativos que me dominaban y yo actuaba en consecuencia.

No puedo dejar de recalcar cuán importante es leer la Biblia, porque allí encontraremos las herramientas para alcanzar la verdadera paz. La obediencia a la Palabra de Dios hará que alineemos todo lo que somos y pensamos con lo que Dios ha dicho y que sometamos nuestras creencias y opiniones al cambio conforme a la voluntad de Dios. La Biblia habla muchísimo sobre los pensamientos y es impresionante cuánto lo ignoramos. Solemos darle cabida a todo lo que entra en nuestras cabezas como si fuera normal, pero aun en nuestras mentes debemos buscar glorificar y obedecer a Dios. Las palabras de Pablo a los filipenses continúan siendo un referente constante en mi vida con respecto a mis pensamientos:

> Regocíjense en el Señor siempre. Y otra vez les digo, ¡regocíjense! Que la gentileza de ustedes sea conocida de todos los hombres. El Señor está cerca. No se preocupen por nada. Que sus peticiones sean conocidas delante de Dios en toda oración y ruego, con acción de gracias, y que la paz de Dios, que sobrepasa todo entendimiento, guarde sus corazones y sus pensamientos en Cristo Jesús. Por lo demás, hermanos, piensen en todo lo que es verdadero, en todo lo honesto, en todo lo justo, en todo lo puro, en todo lo amable, en todo lo que es digno de alabanza; si hay en ello alguna virtud, si hay algo que admirar, piensen en ello (Fil. 4:4-8).

Recuerdo la primera vez que realmente entendí este pasaje. Me di cuenta de que no estaba gozosa siempre, me preocupaba por todo y mis pensamientos no se alineaban con la lista mencionada en ese pasaje. En ese momento, recibí convicción en mi corazón de que esa era una de las razones por las cuales no podía experimentar paz. Decía amar a Dios, leer la Biblia y confiar en Él, pero no podía afirmar que realmente confiaba en Él o que estaba viviendo en obediencia en todas las áreas de mi vida.

CONFIANZA EN DIOS

El llamado a tener gozo en el Señor siempre es un mandato, no es una opción para nuestras vidas. Pero ¿se puede tener gozo cuando las cosas están saliendo mal? ¡Ahí está la cuestión! El gozo que experimentamos en Dios no es una emoción que varía con las circunstancias, sino un estado de alegría, deleite y bienestar que brota de una confianza y dependencia de un Dios que se ha dado a conocer en Su Palabra.

Ese mismo pasaje menciona que no nos preocupemos por nada, sino que llevemos esas peticiones delante de Dios. Es decir, nuestro Dios no desconoce que haya preocupaciones y que tenemos peticiones. Por eso nos pide que se las entreguemos a Él, que tiene todo poder y control para que no sea algo que nos cargue a nosotros. También nos dice que hagamos nuestras peticiones con gratitud. Olvidamos ser agradecidos cuando estamos lidiando con los problemas de la vida. Solo vemos lo mal que nos está yendo y los problemas que enfrentamos, y por eso dejamos de lado la fidelidad de Dios, Su salvación y cada bendición que nos ha dado por pura gracia. He experimentado cómo cambia mi actitud ante las dificultades cuando hay gratitud para con Dios en mi corazón.

Después, Pablo dice: «y que la paz de Dios, que sobrepasa todo entendimiento, guarde sus corazones y sus pensamientos en Cristo Jesús» (v. 7). El llamado es a tener gozo, a dejar la preocupación, a entregar nuestras peticiones y, como resultado, obtenemos lo mejor; es decir, la paz de Dios que va más allá de nuestro entendimiento y es capaz de guardar nuestros corazones y nuestros pensamientos. ¿No es increíble?

He aprendido a vivir este pasaje en forma práctica durante los momentos en que la ansiedad, la preocupación y el estrés buscan inundar mi vida. Mientras escribo este libro, estoy embarazada de mi primer bebé, en medio de una mudanza, y la fecha de entrega se acerca con velocidad. Además, tengo un viaje de trabajo en un par de semanas. Todo esto podría llevarme a sentirme abrumada por la lista de tareas pendientes y más porque mi vida va lenta con el embarazo, me canso más rápido y, bueno, todo lo que soy está cambiando. Tanta presión puede provocar que la ansiedad, la preocupación y el estrés vengan a mi vida con regularidad, pero yo aplico la fórmula de Filipenses y oro de la siguiente manera:

> *Padre, me siento estresada por todo lo que está sucediendo. Hay tantos cambios y compromisos que a veces siento que me ahogo en un vaso. La ansiedad ha querido llegar a mi vida y no quiero*

sentirme así, no quiero sentirme estresada ni dejarme llevar por mis emociones. Te agradezco porque puedo venir ante ti y entregarte mis cargas, porque no debo cargarlas yo sola. Te doy gracias por el privilegio de llevar a un bebé en mi vientre, te doy gracias porque tenemos la oportunidad de mudarnos a una casa que deseamos. Te doy gracias porque me das la oportunidad de escribir y viajar por mi trabajo. Te doy gracias porque en tu Palabra dices que guardarás mi mente y mi corazón con tu paz. Así que, gracias por esa paz... tengo la seguridad de que me cuidará y guardará en estos momentos.

Es una oración sencilla, pero llena de fe en lo que Dios ha dejado en Su Palabra. Tendemos a pensar que debemos ser fuertes por nosotros mismos y tratar de lidiar con todo lo que se nos atraviese en el camino, que las respuestas se encontrarán en nosotros y en lo que podemos hacer, pero la realidad es que, entre más nos rendimos al Señor y Su gracia poderosa, más descansamos. A Dios le importa lo que sentimos y todo lo que atravesamos. Lo más maravilloso es que quiere acompañarnos y ayudarnos durante todas esas jornadas.

¿ADÓNDE VAN TUS PENSAMIENTOS?

Poner nuestra confianza en Dios es también dejar la situación por completo en Sus manos. Es decir, entregarle nuestra preocupación y dejar de darle vueltas al tema en nuestra mente. Debo admitir que batallo mucho con darles vueltas en mi mente a los problemas. Mi mente suele correr a mil por hora pensando en todo lo que tengo que hacer, y no dejo de pensar en los diferentes escenarios que podría enfrentar en el futuro. En ocasiones, hasta les doy vuelta a situaciones del pasado, y todo esto no trae paz a mi vida.

Este tipo de estrés nos resulta tan normal que no cuestionamos esa clase de comportamiento y lo asimilamos a nuestras vidas, negando la actitud que Dios ordena para los cristianos con respecto a estos temas. Por eso no puedo dejar de enfatizar la importancia de conocer, obedecer y vivir la Palabra de Dios. Hay unas palabras de Jesús que me confrontan mucho y vienen a mi mente cada vez que estoy afanada por el futuro y pensando en todos los pendientes acumulados en mi vida:

> Así que, no se preocupen por el día de mañana, porque el día de mañana traerá sus propias preocupaciones. ¡Ya bastante tiene cada día con su propio mal! (Mat. 6:34).

Las palabras de Jesús siempre me confrontan, especialmente después de que entendí el contexto de toda esa sección que habla sobre el cuidado de Dios y nuestra limitación como humanos de tener control sobre nuestras vidas. Es posible que hayas leído hasta aquí y quizás sigas sin saber con exactitud cómo vivir o realmente experimentar esa paz. Eso es totalmente normal, pero no tienes por qué quedarte con el mero deseo.

Mientras luchaba contra la ansiedad y la búsqueda infructuosa de paz, llegué a conocer la letra de una canción que marcó para siempre mi vida y me apuntó a un pasaje bíblico que me acompaña hasta el día de hoy. La canción se llama *Stayed on Him* (Isaiah 26:3) [Fija en Él (Isaías 26:3)] interpretada por Terrian. Intentaré traducir de la mejor manera la canción para compartirla contigo:

Hay un mundo lleno de misericordia y paz
Misericordia y paz esperándome
Hay una tierra para los perdidos y menospreciados
Donde cenan con el Rey, esperándome.

Sí, Su santidad llena el templo
Aun así Él tomó mi pecado y vergüenza
No merecía ser rescatada
Aun así me ha llamado por nombre.

Me mantendré firme con certeza
Hasta que Él vuelva otra vez
Mantendré mi mente fija en Él
Hasta el final, hasta el final
Mantendré mi mente fija en Él.

Hay un Salvador con heridas que puedes ver
En Sus manos y en Sus pies
Me está esperando,
Hay un lugar donde Su gloria es vista
Va más allá de mis sueños más locos, me está esperando.

Me mantendré firme con certeza
Hasta que Él regrese
Mantendré mi mente fija en Él
Hasta el final, hasta el final.

Yo sé que tú eres el Dios que reina
Yo sé que tú eres el Dios que salva
Yo sé que tú caminas sobre las aguas
Yo sé que tú nunca cambias.
Mantendré mi mente fija en Él.[1]

Esta canción tocó lo más profundo de mi ser y me confrontó por dos razones. En primer lugar, puso en evidencia mi falta de confianza y dependencia de Dios (hablaremos de eso más adelante). En segundo lugar, repetía tantas veces que debía mantener la mirada fija en Él. Mientras escuchaba la canción, me di cuenta de la cita bíblica que se usó como referencia. Leer esas palabras de Isaías hicieron que todo tome un mejor sentido: «Tú guardas en completa paz a quien siempre piensa en ti y pone en ti su confianza» (Isa. 26:3).

---

1. Compositores: Darren Mulligan/Gabriel Patillo/Kyle Williams/Terrian Woods. *Stayed on Him (Isaiah 26:3)* Letra © Centricity Music Publishing, All Essential Music, Be Essential Songs, Curbs Dayspring Music.

Encontré lo que me faltaba y que se conecta tan perfectamente con las palabras de Pablo a los filipenses. Hay un llamado que requiere que llevemos nuestros pensamientos hasta que permanezcan fijos en Dios. No procuremos experimentar paz si permitimos que nuestras mentes divaguen sin dirección. Debido a que eso suele suceder en nuestra naturaleza, nuestro buen Padre nos ha dejado instrucciones precisas con respecto a lo que debemos hacer con nuestros pensamientos para poder experimentar paz.

Solo hay un camino a la paz verdadera, y no se encuentra en lo que hemos creído por años o en lo que propugnan nuestra sociedad y la cultura imperante. Si queremos detener el caos producido por reinar en nuestras vidas, entonces debemos empezar a actuar de una manera opuesta a lo que hemos hecho hasta ahora.

CAPÍTULO 4

FIJANDO LA MENTE EN ÉL

Una cosa es tener en la cabeza las verdades bíblicas y otra muy diferente es saber cómo vivirlas y aplicarlas a los retos que enfrentamos todos los días. Saber que tenemos que someter nuestros pensamientos a Cristo para obtener paz suena muy bonito, pero ¡qué gran reto! Esto se hace más difícil porque somos seres bastante complejos y estamos pasando por la inestabilidad producida por cambios profundos, tanto a nivel individual como social y cultural.

No pretendo decir que es fácil vivir lo que creemos o que yo misma lo haya logrado por completo. Por eso, este libro nace desde mi propia vulnerabilidad, porque sé que es difícil, pero eso no significa que no debamos esforzarnos todos los días para vivir conforme a las Escrituras. Solemos dejarnos llevar por nuestras circunstancias y las tomamos como excusa para no vivir en obediencia, pero eso debe cambiar. Ya hemos visto que una nueva vida en Cristo no nos libra de las dificultades; sin embargo, tenemos acceso a promesas y herramientas que Dios mismo provee para poder lidiar con esta vida con una esperanza renovada.

Hoy está muy de moda que nos victimicemos al apuntar a todo lo malo que nos pasa o la dificultad de todos los retos que enfrentamos. Actuamos como si fuéramos las únicas personas pasando por eso, pero si has leído la Biblia, te darás cuenta de que nadie tuvo una vida libre de dolor o dificultad, ni siquiera el mismo Jesús. Cada persona, a su manera y en su temporada, enfrentó y enfrentará diversos retos. Pero también cada cristiano podrá contar su historia que nos permitirá ver la fidelidad continua de Dios, al igual que la manera en la que, como creyentes, debemos responder a las pruebas de la vida.

Descartemos, entonces, la idea de que la vida con Jesús significa que jamás tendremos problemas, porque de eso no nos habla Su Palabra. Por el contrario, nos advierte que tendremos problemas y tribulaciones, pero que Él estará con nosotros (Juan 16:33). Por lo tanto, debemos aprender a vivir en medio del caos con la mente fija en Él y sin importar lo que venga a nuestro alrededor. Si leíste mi libro *Nuestro Edén,* sabes que el Salmo 23 marcó mi vida de una manera impresionante y que continúa siendo un referente continuo en mi vida. Es un salmo pequeño, pero habla a tantas áreas de nuestras vidas. Para mantenernos enfocados en el tema, solo quiero que leamos una estrofa de esas palabras profundas de David:

Aunque deba yo pasar por el valle más sombrío,
no temo sufrir daño alguno,
porque tú estás conmigo;
con tu vara de pastor me infundes nuevo aliento
(Sal. 23:4).

Si conoces algo de la historia de David, entonces sabes que su vida fue todo menos fácil. Experimentó retos, afrentas, traiciones, enemigos y aun sus propias luchas con el pecado. No fue un hombre perfecto ni tuvo una vida perfecta, pero algo que admiro muchísimo de él es esa clase de declaraciones en las cuales sabía que enfrentaría dificultad, pasaría por el valle más sombrío, pero su mente y confianza estaban fijas en Dios. Mi mayor anhelo es que, al finalizar este libro, tú y yo aprendamos a vivir un poquito más con esa confianza y dependencia en nuestro Señor y Salvador.

Ha llegado el momento de empezar a darnos cuenta de que la paz no es la ausencia de problemas, sino entender que podemos disfrutar de esa paz divina aun en medio del caos, porque la paz verdadera no proviene de la tranquilidad de nuestras circunstancias, sino de Aquel que va junto a nosotros mientras enfrentamos esas adversidades. Empezar a cambiar nuestra perspectiva será una ayuda continua para quitar esas raíces de pensamientos equivocados que han tomado dominio sobre nuestra mente y corazón, y para poder ser transformados a la luz de la verdad.

¿QUÉ ÍDOLOS TIENES EN TU CORAZÓN?

Una de las razones más comunes por las cuales no logramos experimentar paz y vivir en plena confianza con Dios es la presencia de ídolos en nuestras vidas. La idolatría no es meramente postrarse ante imágenes o tener dioses hechos por manos humanas, sino que, como humanos, tendemos a fabricar ídolos en nuestros corazones. No son estatuillas, sino todo aquello a lo cual somos devotos, o en palabras de Tim Keller:

> Un ídolo es cualquier cosa que sea más importante que Dios para ti. Cualquier cosa que absorba tu corazón e imaginación más que Dios. Cualquier cosa que busques que te dé lo que solo Dios puede dar. Cualquier cosa que sea tan central y esencial para tu vida que, si la llegaras a perder, tu vida carecería de razón para vivir.[1]

Es posible que esa definición haya traído algunos ídolos a tu mente. Como seres humanos, somos propensos a la idolatría, aun cuando menos lo pensamos. Los ídolos nos hacen ir tras ellos y solo nos dejan agotados. Nos quitan el enfoque y nos llevan a vivir más para adaptarnos y someternos a ellos que a la misma Palabra de Dios.

El ídolo más grande que prevaleció por muchos años en mi vida eran mis sueños. Para mí, la vida no tenía sentido sin el cumplimiento de mis sueños. Lo que quería lograr consumía cada pensamiento, oración y acción de mi vida. Me consideraba

---

1. Tim Keller, *Counterfeit Gods: The Empty Promises of Money, Sex and Power, and the Only Hope that Matters* (Barcelona, España: Penguin 2009), p. 17.

cristiana, pero para mí lo más valioso no era Cristo, sino lo que pensaba que podía lograr en mi vida. Tal vez no lo decía abiertamente, pero mi manera de pensar y vivir revelaba lo que realmente creía en mi corazón.

Correr tras ese ídolo me dejó agotada y vacía, porque los ídolos no tienen nada que ofrecer y no pueden cumplir sus promesas. Lo que priorizamos en nuestras vidas usualmente surge por la creencia de que es lo más valioso que puedo tener y que nunca estaré bien si no lo consigo. Ponemos toda nuestra esperanza, confianza, paz y felicidad en obtener eso que tanto anhelamos, y ahora ese ídolo es el factor determinante para construir o destruir nuestras vidas. Por lo tanto, hacemos a Dios a un lado, como si Él no fuera suficiente, y sentamos a esos ídolos en el trono y nos sometemos a ellos. Nuestras vidas giran en torno a esa aparente esperanza, y cuando falla, lo único que hacemos es buscar otro ídolo sustituto en quien poner nuestra confianza.

Tal vez los sueños no son un ídolo en tu corazón, pero podrían serlo el anhelo de casarte, el éxito laboral y financiero o la opinión de las personas. Aun el deseo de controlar tu propia vida también puede ser un ídolo. Puedo admitir que mis sueños ya no son el motor ni el enfoque de mi vida, pero ¡cómo lucho para soltar el control! Por mucho tiempo mi ídolo era mi agenda, seguir mi plan, que nada se saliera de control y sentir que yo dirigía el rumbo de mi vida.

Los ídolos que quieren ocupar el lugar de Dios en nuestras vidas vienen en toda clase de formas y nadie está exento de lidiar con ellos. Los ídolos nos dan una falsa esperanza de que al someternos a ellos obtendremos paz y bienestar en nuestras vidas, pero es una paz falsa; la única paz verdadera y permanente es la que solo Dios puede brindar. Por lo tanto, tomemos tiempo para examinar nuestros corazones y descubramos nuestros ídolos ocultos mientras le pedimos a Dios que nos examine para que revele todo aquello que ha estado oculto.

Alcanzar una paz plena y verdadera es todo un proceso porque, usando la metáfora del Nuevo Testamento, conlleva «desvestirnos» de todo aquello que nos hemos puesto innecesariamente para obtener seguridad y volver a presentarnos vulnerables ante el Creador para que Él nos vista nuevamente. Cada área de nuestras vidas necesita ser purgada para quitar todo aquello que nos ha estado robando el enfoque, llevando en la dirección opuesta y creando un caos en nuestras vidas.

UNA APARENTE PAZ

¿Alguna vez has pensado que si logras obtener esto o aquello entonces podrás tener paz? Yo he tenido un millón de anhelos, no solo mis sueños, sino también creer que obtendré paz al acabar un proyecto, casarme, organizar mi cuarto/casa, pasar por alguna situación y muchas cosas más. Sin embargo, experimenté en carne propia que nada que se cumpliera en esa lista realmente me daba paz, porque entonces llegaba algo más a robarme esa supuesta paz y volvía al mismo ciclo de siempre. Es como si llegara a tierra firme y no pasaban ni cinco minutos cuando un terremoto llegaba a destruir esa paz que acababa de alcanzar.

Recuerdo cuando me sentí bastante abrumada porque tenía muchas cosas ocurriendo al mismo tiempo. Estaba recién casada, tratando de agarrar un ritmo entre el trabajo de la casa y mi trabajo (que hago desde casa). Teníamos muchos pendientes con la iglesia, compromisos, viajes y me sentía en caos. Sentía un estrés crónico que no parecía irse con nada. No podía encontrar paz ni descanso porque sentía que cargaba mi mundo entero sobre los hombros.

No sé cómo te afectan el estrés y la ansiedad, pero yo los manifiesto de manera física, ya sea con algún tipo de alergia sobre la piel, granitos en la cara, empiezo a arrancarme la piel alrededor de las uñas, me muerdo los labios, experimento dolor de cabeza, entumecimiento en las manos y a veces hasta me salen perrillas (orzuelos) en los ojos. En esa temporada en particular, sentía que me estaba pasando todo al mismo tiempo.

Mientras planeaba mis días y buscaba resolver mis pendientes, trataba de no perder el control de nada. Recuerdo un momento en que me encontraba entre orando y pensando en que si tan solo terminaba con todos los pendientes, entonces me podría relajar y descansar. Es decir, de alguna manera pensaba que mi caos mental y emocional era aceptable, ya que había mucho por hacer y que una vez pasado ese tramo, entonces podría experimentar la paz que anhelaba mi alma.

Mientras tenía esos pensamientos, sentí convicción en mi corazón de que la manera en que estaba viendo la vida y el estrés no estaba alineada con las enseñanzas de la Biblia. En la Palabra de Dios, la paz siempre va ligada a la persona de Jesús y no a las circunstancias o a lo que hagamos. Me sentí confrontada porque yo buscaba una aparente paz que era derribada en cuanto algo cambiaba en mi agenda o si un evento salía de mi control. Tuve que reconocer que mi concepto de paz era muy superficial. Era imposible obtener descanso al culminar con los pendientes porque la vida no para, y cuando acabas una temporada, comienza una nueva. Por lo tanto, viviendo así sería imposible en algún momento tener paz y descanso verdaderos.

Era imposible poner mi esperanza en esa clase de paz porque, cuando esa temporada pasara, tal vez iba a estar más tranquila, pero ¿qué pasaría si llegaba otra similar? ¿Simplemente perdería la paz? La vida es impredecible, y solo vemos lo que tenemos frente a nosotros y nada nos garantiza que después de lo que estamos enfrentando no vendrá algo similar o más grande.

Me di cuenta de que la clase de paz que yo buscaba era una paz falsa, porque era mera tranquilidad contextual y temporal que no permanecía, y era totalmente dependiente de mis circunstancias. Tal vez podía tener tranquilidad por un par de días o semanas, pero después llegaban más pendientes y volvía a ese estrés crónico en el cual se evaporaba la paz. Sabía que algo estaba haciendo mal, porque la Biblia habla de una paz que se experimenta en cada momento.

Esa temporada que me ha tocado vivir me dio la certeza de que la paz no se puede encontrar en nada de lo que yo pueda hacer. De la misma manera, no hay nada en tu vida que esté bajo tu control que te pueda dar paz. Esto no significa que debamos dejar de esforzarnos en la vida y tirarnos al piso sin esperanza, sino que entendamos que existe una paz que puede acompañarnos en medio del caos y a pesar de nuestras circunstancias, pero no nace de nosotros ni de nuestras circunstancias.

LOS DESEOS DEL CORAZÓN

Es súper fácil quitar nuestra mirada del lugar correcto. Hay ídolos que enfrentamos, maneras equivocadas de buscar paz, pero ¿cómo llegamos a esto? Me encanta escarbar e indagar en lo más profundo (hasta donde puedo) de mi mente y corazón, porque al encontrar las raíces de nuestros problemas, podemos entonces hacer un cambio.

¿De dónde surgen esos ídolos y esa falsa paz? Aunque, en pocas palabras, la respuesta es «del pecado», me gustaría que exploremos de manera más específica los ideales que nos llevan a vivir con esta idolatría en el corazón. Mientras no hayamos aprendido a entender la suficiencia de Cristo, tenderemos a formar ciertas ideas y creencias de aquello que pensamos nos brindará contentamiento y satisfacción a nuestra vida. Por lo tanto, es importante identificarlas y confrontarlas con la Verdad —es decir, Cristo—, para desenmascararlas y erradicarlas.

Esas ideas y creencias equivocadas se convierten en un tipo de eje mediante el cual nos vamos dejando guiar y sobre el que tomamos decisiones. Me gusta llamar a esos ideales *la promesa del mañana,* porque tendemos a poner nuestra esperanza en ellos con respecto al futuro. Se convierten en ídolos porque pensamos que con ellos encontraremos descanso y nos ayudarán a cambiar el rumbo de nuestras vidas. En consecuencia, ponemos en ellos nuestra esperanza.

Los creyentes no estamos exentos de caer en esta clase de trampas. Lo cierto es que una falta de conocimiento bíblico nos lleva a sacar pasajes fuera de contexto para justificar lo que buscamos en esta vida. Un pasaje muy común que se usa para aferrarse a esos ideales es el siguiente:

Disfruta de la presencia del Señor,
y él te dará lo que de corazón le pidas
(Sal. 37:4).

Erróneamente, se interpreta que Dios nos dará cualquier cosa que le pidamos si lo hacemos de todo corazón. Además, suponemos que eso que pedimos es lo que nos dará la mayor plenitud y satisfacción. Esa idea nos hace correr sin descanso tras esos ideales. Sin embargo, podemos ver qué tan fluctuantes e insuficientes son, porque esos anhelos son muy volubles y van cambiando con el tiempo. La vida va dando vueltas mientras crecemos y vamos necesitando nuevas cosas, nuevos ídolos y nuevos ideales. Los momentos de insatisfacción nos llevan a anhelar nuevas cosas que creemos solucionarán nuestras frustraciones, inconformidades y falta de paz.

La realidad es que la falta de contentamiento nos lleva a pensar que alcanzar los deseos de nuestro corazón nos dará contentamiento y satisfacción y que eso finalmente nos llevará a Dios. Seguimos nuestro corazón porque pensamos que así llegaremos a Dios o a la plenitud, e ignoramos o dejamos de lado que debemos buscarlo a Él, gozarnos en Él, y que Él es quien redime y establece los deseos de nuestro corazón a la luz de Su voluntad buena, agradable y perfecta. Por eso los ídolos no son más que una evidencia muy real de nuestra falta de confianza en Dios. En lugar de creerle a Él y tener la convicción de que es más que suficiente, convertimos a Dios solo en el medio para llegar al ídolo que creemos podrá hacer lo que solo puede hacer Dios.

TAPANDO MI INSEGURIDAD

No debemos olvidar que tenemos una naturaleza caída, y por eso la mayoría de nuestros sueños, anhelos e ideales suelen proceder de un lugar pecaminoso. Entonces, debemos entender que el Señor aún debe trabajar y redimir nuestros sueños, anhelos e ideales. Por más que un sueño o anhelo que tengas pueda parecer inofensivo a simple vista, cuando no nace del corazón de Dios, de Su voluntad y amorosa soberanía, entonces nace de nuestro corazón quebrantado y manchado por los efectos del pecado.

Al comienzo del libro, te conté que desde muy pequeña tuve demasiados sueños que consumieron gran parte de mi vida. Aparentemente, se trataba de la pasión por la música y el arte, pero lo cierto es que, aunque sí me apasionaban esos sueños, para mí alcanzarlos significaba plenitud, paz y ser libre de inseguridades, y eran, por así decirlo, como una cobija de seguridad para un niño.

Todo lo que buscaba en mi vida por mucho tiempo surgió de esas inseguridades que quería ocultar o solucionar. El problema era que mis soluciones dependían de todo lo que había a mi alrededor, y por eso no podía encontrar descanso en mí, porque no podía tener ningún tipo de control de mis circunstancias.

Quizás mi historia te podría parecer un poco extrema y puedes pensar que eso no se aplica a ti para nada, pero respóndete:

> ¿Alguna vez has deseado tener algo para demostrarle algo a otra persona?
>
> ¿Alguna vez has deseado algo porque alguien más lo tiene y te hace sentir inferior?
>
> ¿Alguna vez has creído que al lograr algo se incrementaría tu valor como persona?
>
> ¿Alguna vez has deseado algo simplemente porque alguien te menospreció?

Estos son solo algunos de los muchos escenarios a los que nos podemos enfrentar y pueden causar que la mirada se aparte de Jesús y se ponga por completo sobre nosotros. Aunque el tema de las inseguridades ha ido disminuyendo en mi vida con el paso de los años, todavía no estoy libre de ellas ni de las tentaciones que se presentan con ellas.

Hay una canción que me viene a la mente cada vez que mis inseguridades quieren comenzar a dictar el rumbo de mi vida. Se llama *Shall not want* [Nada me faltará], de Audrey Assad. Aunque ella ha afirmado ya no ser cristiana, igual esta canción tiene un mensaje que me ha bendecido mucho:

Del amor a mi propia comodidad
Del miedo a no tener nada
De una vida con pasiones mundanas
Líbrame, oh Dios.

De la necesidad de ser entendida
Y de la necesidad de ser aceptada
Del miedo a estar sola
Líbrame, oh Dios.

Y nada me faltará, no, nada me faltará
Cuando pruebe tu bondad, nada me faltará.

Del miedo de servir a otros
Del miedo de la muerte o pruebas
Y del miedo a la humildad
Líbrame, oh Dios.

Y nada me faltará, no, nada me faltará
Cuando pruebe tu bondad, nada me faltará.[2]

Esta canción siempre me confronta porque se opone a los dictados de la sociedad. Estos son los tiempos donde el *yo* es primero y todo lo demás después. Se exalta por todos lados el amor propio, el empoderamiento y tener la mejor vida posible sin importar a quién nos llevamos por delante en el camino o que terminemos en un egoísmo total. ¡Ese es el grito de nuestra humanidad! Buscar ese tipo de mentalidad es lo que siempre nos lleva a estar cansados mentalmente y drenados emocionalmente porque no brinda esa paz que tanto promete.

Se nos dice que vivamos con egoísmo para protegernos, cuidarnos de los demás, darnos nuestro lugar y no permitir que se nos trate como no merecemos, pero ¿acaso esa es la manera en que Dios nos llama a vivir? ¿Así es como realmente encontraremos esa paz mental y emocional que tanto buscamos? No sé tú, pero yo cada vez observo a un mundo con muchas más inseguridades y se nota la desesperación con la que se trata de cubrirlas. Quedan en evidencia las inseguridades y cómo se trata de cubrirlas con una capa bastante transparente que deja todo el caos expuesto y sin una solución genuina.

2. Audrey Assad y Brian Brown. Fortunate Fall Music/William Price.

VOCES AJENAS

Siempre diré que uno de los mayores retos que AFRONTAMOS para experimentar la paz de Dios es la infinidad de voces que tenemos a nuestro alrededor diciéndonos lo que debemos ser, hacer, creer y pensar. Son esas voces las que nos llevan a los ídolos, nos hacen creer que necesitamos todo fuera de Dios y que está bien correr tras los deseos de nuestro corazón.

La sociedad contemporánea nos está tratando de amoldar constantemente a los movimientos intelectuales e ideológicos actuales, empujándonos a un supuesto progreso que supone dejar todo lo tradicional o lo que se considera anticuado. Con tanta tecnología y redes sociales, hay demasiada información y opiniones que nos llegan directo a nuestros celulares. Pareciera que no hay cómo escapar de tanto ataque ideológico. Consumimos tanto contenido ideológico diverso que nos empezamos a llenar y a creer lo que otros viven repitiendo. Adoptamos ideales que se vuelven nuestro modo de vida sin cuestionarlos. No es en vano la advertencia milenaria de Pablo a los romanos:

> Y no adopten las costumbres de este mundo, sino transfórmense por medio de la renovación de su mente, para que comprueben cuál es la voluntad de Dios, lo que es bueno, agradable y perfecto (Rom. 12:2).

Cuando nos dejamos llevar por la popularidad de lo que dicen los demás, es muy posible que terminemos desechando lo que nos ha dicho Dios. Seguro has escuchado muchos consejos o reglas para obtener la paz; entre ellos, que cortes con la gente tóxica de tu vida, que priorices tu felicidad, persigas tus sueños, hagas ejercicio, dediques tiempo a lo que te gusta y muchos otros consejos similares. Pero el problema sigue siendo el mismo: no sirven para entregar una paz verdadera y duradera, ya que vivimos en un mundo caído en el que experimentamos caos y dificultad. Ninguno de esos consejos puede traer una genuina paz a nuestra mente y corazón.

Escuchar las voces equivocadas siempre provocará la pérdida de la paz. Por eso, los hijos de Dios no podemos dejar la Biblia en segundo plano, porque mediante ella podremos diferenciar lo que viene o no viene de Dios. Su Palabra es la que nos sirve de filtro para saber cuándo una voz viene del Padre o de las voces que gritan a nuestro alrededor.

DESENMASCARAR MENTIRAS

Cuando éramos pequeños, a mi hermano y a mí nos encantaba la película *Mis pequeños inquilinos*. Se trataba de personas pequeñitas que vivían debajo del piso de una casa y entre las paredes. Era una familia que tenía construida su casa y gozaba de una vida completa dentro de la casa principal sin que los dueños se dieran cuenta, ya que eran pequeñísimos.

Así imagino que lucen nuestros pensamientos. Llegan sutilmente, entran a nuestras mentes y comienzan a desarrollarse en nuestras vidas sin que siquiera nos demos cuenta, y llegan a formar parte de nuestra vida. Desde el comienzo del libro, hemos hablado sobre los sueños, las expectativas, las luchas de la mente, las ansiedades y todo lo que nace de nuestras mentes. También hemos visto la importancia y la relevancia de la Palabra de Dios para poder salir adelante en las luchas que se presentan a nuestro alrededor. Me gustaría que ahora lo pudiéramos poner de manera práctica con escenarios y mentiras reales a los que nos enfrentamos con frecuencia. Pero primero, consideremos las palabras de Pablo a los filipenses:

> Por lo demás, hermanos, piensen en todo lo que es verdadero, en todo lo honesto, en todo lo justo, en todo lo puro, en todo lo amable, en todo lo que es digno de alabanza; si hay en ello alguna virtud, si hay algo que admirar, piensen en ello (Fil. 4:8).

Pablo nos presenta el filtro que debemos usar para cada creencia, ideología, pensamiento e ideal que venga a nuestra vida. Por ejemplo, hablemos un poco de las redes sociales. Nos hemos acostumbrado a consumir constantemente contenido y pocas veces pausamos para pensar seriamente en lo que ofrecen o cuestionar la manera en que esas propuestas o ideas nos afectan. Voy a ser súper sincera y expondré mis propias luchas.

Como te conté desde el comienzo, por mucho tiempo mi gran sueño y anhelo era *ser alguien* conforme al patrón que proponen la cultura y la sociedad contemporánea. Tenía esos sueños de grandeza y fama que, gracias a Dios, Él ha ido trabajando y direccionando conforme a Su voluntad. Sin embargo, en ocasiones, mi corazón se deja tentar y desvío mi mirada de Cristo y busco ese ídolo que emociona mi corazón. He descubierto que muchas veces esa tentación llega a través de las redes sociales.

Me encanta seguir cuentas que comparten contenido cristiano, pero también me gusta mucho ver videoblogs y contenido de *lifestyle* que, aunque en sí no comparten nada que deshonre a Dios, termina siendo contenido que tienta a mi corazón a querer ir tras cosas simplemente mundanas. Bien lo dice Santiago:

> Cuando alguien sea tentado, no diga que ha sido tentado por Dios, porque Dios no tienta a nadie, ni tampoco el mal puede tentar a Dios. Al contrario, cada uno es tentado cuando se deja llevar y seducir por sus propios malos deseos (Sant. 1:13-14).

Tuve que reconocer que mi corazón era seducido por ese contenido al mostrar una realidad que parecía posible si iba tras mis pasiones en lugar de seguir y obedecer a Dios. Sin darme cuenta, mi corazón y mi mente ya estaban involucrados, y esa oferta que buscaba alcanzar terminaba robándome la paz porque generaba conflictos en mi mente y mi corazón. Llegó un punto en el que tuve que darme cuenta de que era necesario dejar de seguir cierto contenido en redes porque, aunque no deshonraba a Dios, simplemente tentaba mi corazón y afectaba mi salud espiritual.

Es posible que haya cierto contenido que sigues por alguna razón aparentemente inofensiva, pero que termina generándote inseguridades, envidias y hasta dudas de la bondad y la voluntad de Dios. Debes analizar los resultados de tu costumbre de «escrolear», y te corresponde tomar de referente lo que dice Pablo, y preguntarte: ¿Esto que estoy consumiendo es puro? ¿La manera en la que me hace sentir o actuar es pura y digna de alabanza? Cuando empezamos a usar esa lista, nos damos cuenta de cuántas veces nos dejamos llevar o desviar sin darnos cuenta.

No solo nos enfrentamos a estilos de vida dañinos, sino que también consumimos ideales que quieren convertirse en inquilinos de nuestra mente y comenzamos a luchar con pensamientos que nos dicen que no somos suficientes, que el matrimonio no vale la pena, que es mejor vivir la vida loca a estar amargados, que tenemos que lucir de cierta manera para ser felices y muchas otras cosas. Nunca debemos dejar de confrontar esos ideales que venden las redes sociales con lo que dice la Biblia. ¿Son verdaderos a la luz de la Palabra?

Sé que muchas veces no tenemos cómo saber exactamente lo que dice la Biblia sobre determinados temas, porque no la conocemos por completo, pero créeme que podemos también usar la tecnología a nuestro favor. Es tan fácil como buscar en Internet: «¿Qué dice la Biblia respecto a la envidia? ¿Qué dice la Biblia respecto a mi identidad?». Claro, también debemos tener cuidado con las fuentes que dan esas respuestas, pero lo que quiero señalar es que podemos hacer cualquier pregunta en Internet y obtener una respuesta. Una vez que buscamos con cierta diligencia lo que Dios ha dicho, entonces podemos desenmascarar esas mentiras. Por supuesto, también podemos recurrir a nuestros pastores, discipuladores y hermanos de la iglesia para compartirles nuestras dudas e inquietudes. No estamos solos en nuestras luchas si queremos ser fieles al Señor.

Lo cierto es que participaremos en el negocio de desenmascarar mentiras por el resto de nuestras vidas, y esto requiere que seamos muy intencionales a la hora de regresar la mirada a Cristo, el verdadero norte. Pero no temas, porque no estás solo trabajando en tu vida, sino que es el Espíritu Santo quien trae convicción, nos capacita y nos guía a toda verdad para poder enfrentar cada lucha en nuestro camino y librarnos del caos de nuestras vidas.

CAPÍTULO 5

EL CONTROL DE NUESTRAS VIDAS

Nuestra falta de paz más profunda tiene como origen nuestro deseo de tener el control. Todos nuestros ídolos, ideales, ansiedades y cada lucha que afrontamos se enraízan en nuestra creencia de que sabemos más que Dios. Creemos que nuestros planes, nuestra manera de pensar y de vivir es la mejor manera posible y correcta. Sostenemos la falsa creencia de que, de alguna manera, tenemos el control sobre nuestras vidas, pero lo cierto es que no tenemos control de absolutamente nada.

Solemos desarrollar con el paso del tiempo costumbres y concepciones que nos acompañan a lo largo de nuestra vida y que proveen la base para nuestro entendimiento de la realidad y de nuestra forma de ver y enfrentar la vida. Ese fundamento personal requiere ser examinado por completo a la luz de la Biblia para que se alinee más a la voluntad de Dios. Aunque los cristianos hablamos, cantamos, aprendemos y conocemos sobre la paz de Dios y que Él tiene el control de todas las cosas, ¿por qué los hijos de Dios no experimentamos Su paz? Esas verdades están como entumecidas en nuestras cabezas pero no han llegado al corazón.

No es mi intención señalarte ni condenarte, sino mostrar la realidad que muchos vivimos. De hecho, soy de las primeras que en varias ocasiones tiene verdades en la cabeza que no se han vuelto una realidad en mi corazón. Justamente para salir de esa realidad incompleta nace este libro, la necesidad de ser confrontada en mis costumbres y concepciones que tornan mi mundo en un caos para darme cuenta de que hay áreas que realmente no he rendido por completo al Señor.

Debo admitir que recién cuando me casé empecé a ser consciente de la severidad del pecado de no saber descansar en el Señor y no querer rendirle el control de mi vida al Dios soberano. Mi esposo es un instrumento de Dios para traer convicción a mi corazón cuando mi forma de pensar y vivir no es la correcta. Es evidente que Dios tiene un gran sentido del humor al unir personas totalmente diferentes y usa estratégicamente esas diferencias para que nos moldeemos mutuamente.

Mi esposo es bastante relajado, no se afana si los planes cambian, el reloj no lo domina y vive con una paz que me es difícil comprender algunas veces. Por otro lado, yo soy señora agenda, planes minuciosos, el reloj dicta mi vida y la productividad es mi enfoque. Él pudo ver con mucha claridad que yo sola me ahogaba con la vida al querer hacer y tener control de todo. Me empezó a mostrar que no sabía parar y, mucho menos, descansar. Siempre quería encontrar algo más por hacer cuando terminaba el trabajo o los quehaceres de la casa. Nuevamente, dentro de mí, seguía sintiendo que parar era desperdiciar mi vida. Yo entendía que cada segundo de mi vida tenía que ser productivo y, aunque no se trata de llegar a ser ociosos ni mucho menos, ese activismo excesivo era una evidencia de una raíz profunda que necesitaba seguir trabajando.

Te he llevado a lo largo de mi infancia y adolescencia y habrás podido notar que mucho de lo que experimenté tuvo que ver con mi inmadurez emocional, incertidumbre del futuro e inseguridades. Lo cierto es que ha sido una lucha que me ha acompañado hasta hoy. Gracias a Dios, he mejorado y madurado, pero eso no me exime de tener días complicados o de enfrentar batallas que tal vez parezcan diferentes, pero tienen la misma raíz de deseo de control. En este capítulo, presentaré las diversas formas en que luce la lucha con el control.

EL CONEJO BLANCO

¿Has leído *Alicia en el país de las maravillas*? El conejo blanco es un personaje que carga con un reloj y siempre está de prisa mirando la hora. Así me he sentido a lo largo de mi vida, porque siempre ando pensando que no hay suficiente tiempo y que hay muchas cosas por hacer. Es como una necesidad de nunca detenerme para asegurarme de que las cosas que deseo sucedan. Esta actitud solo evidencia que creo tener el control y me atemoriza perderlo. Eso hace que continúe sin parar en un frenesí caótico.

Mi deseo profundo de querer ser alguien y mi obsesión por cumplir mis sueños me llevaron a adoptar una manera de ser «imparable» que creí normal. Me convencí de que entre más hago, más avanzo, sin darme cuenta de que lo único que lograba era abrumarme y tropezar. Aunque ha pasado demasiado tiempo desde esos días de mi adolescencia, puedo ver todavía cómo Dios sigue obrando en esa área de mi vida. Sin duda, he aprendido y continúo aprendiendo. Muchas veces, creemos haber superado alguna dificultad en un área de nuestras vidas simplemente porque ya no luce de la misma manera que un tiempo atrás, y aunque sí vamos avanzando y mejorando, Dios continúa y continuará trabajando en nosotros por el resto de nuestras vidas o hasta que regrese por Su iglesia.

Hay una historia muy conocida en la Biblia que Dios ha usado y continúa usando con regularidad para traer convicción y perspectiva a mi vida:

> Aconteció que yendo de camino, [Jesús] entró en una aldea; y una mujer llamada Marta le recibió en su casa. Esta tenía una hermana que se llamaba María, la cual, sentándose a los pies de Jesús, oía su palabra. Pero Marta se preocupaba con muchos quehaceres, y acercándose, dijo: Señor, ¿no te da cuidado que mi hermana me deje servir sola? Dile, pues, que me ayude. Respondiendo Jesús, le dijo: Marta, Marta, afanada y turbada estás con muchas cosas. Pero solo una

> cosa es necesaria; y María ha escogido la buena parte, la cual no le será quitada (Luc. 10:38-43, RVR1960).

Creo que está de más aclarar que me identifico totalmente con Marta en esta historia. Las palabras de Jesús vienen constantemente a mi mente: «Pero solo una cosa es necesaria; y María ha escogido la buena parte». Cuando nos afanamos en la vida buscando hacer, hacer y hacer, muchas veces perdemos el enfoque de lo que realmente importa. Nos perdemos en las responsabilidades y las listas de cosas por hacer, y podemos perder el enfoque de lo que debe ser una prioridad.

No solo nos desenfocamos, sino que actuamos como Marta, al empezar a compararnos con los demás a nuestro alrededor y hasta nos molesta que las personas no estén haciendo tanto como nosotros y no nos acompañen en nuestras prisas. En lugar de reconocer que estamos viviendo en una profunda desconfianza y deseo de controlarlo todo, señalamos con nuestro dedo acusador y apuntamos a aquellos que suponemos están fallando por no hacer lo mismo que nosotros. Pero la historia dice con claridad que Marta estaba totalmente perdida en sus propias fuerzas y no reconoció el hermoso momento en que tenía a Jesús mismo en su casa hablando y enseñando palabras de sabiduría. Jesús mismo fue muy enfático en señalar que María reconoció y eligió lo mejor; es decir, estar sentada a los pies de Cristo mismo.

Una de mis más grandes debilidades es no saber quedarme quieta. A veces, pienso que entre más hago, más avanzo, pero la realidad es que mientras más hago, más me abrumo porque pienso que puedo hacerlo todo. Estaba equivocada al pensar que no perder el tiempo y querer hacerlo todo era la forma de tener el control sobre mi vida. Sin embargo, con el tiempo voy aprendiendo que avanzo más cuando más pauso, más oro y más reconozco quién es el Dios y Rey soberano de mi vida. Tuve que aprender a soltar el control y reconocer que nunca lo tuve realmente, y que Dios está en el trono, y no yo. No se trata de hacer más, sino de descansar y depender más de Dios. Continúo aprendiendo que a veces pausar es avanzar más, porque en esa pausa reconozco que Dios me sostiene y no soy yo la que sostiene mi mundo.

HAY MUCHO EN LA AGENDA

Quizás estás pensando que quisieras descansar más, pero tienes muchas cosas que hacer, muchas responsabilidades, situaciones y hasta personas que dependen totalmente de ti. Puedo entender tus circunstancias, pero antes de renunciar, vayamos paso a paso. Esto lo digo con todo el amor y la humildad del mundo, porque yo misma ya reconocí que caigo al pensar que hay mucho en la agenda como para poder pausar y descansar. Pero es importante reconocer que esa mentalidad es solamente una excusa para seguir aferrándonos a nuestro aparente control.

La sociedad contemporánea aplaude y ve como éxito a los que siempre están ocupados, que siempre están con juntas, negocios, viajes y que el estrés es su estado natural. Las películas muestran a las personas exitosas sin tiempo para las cosas importantes de la vida, como su familia o amigos, porque tenían mucho por hacer para construir y alcanzar sus sueños. Sin duda, me influenciaron y crearon en mí un deseo de que un día pudiera tener también mi agenda con mil cosas por hacer y llegar a sentirme abrumada por la cantidad de actividades.

Llegué a ser una persona regida por mi agenda y sin tiempo para nada. Mientras escribo este libro y estoy a la espera de mi primer bebé, estoy bajando la intensidad de mi agenda y me doy más cuenta de que no es lo mejor estar llena de actividades, sino que debo disfrutar lo que Dios me ha dado y glorificarlo con lo que tengo y en donde estoy.

Al ser alguien que puede obsesionarse con la limpieza, la organización y la productividad, siempre debo recordar que no voy a alcanzar más paz cuanto más haga y solo porque me apresure en terminar esa lista infinita de pendientes, sino mientras más me rinda a Dios y consagre mis actividades y necesidades a Él. Esto no es un recordatorio solo para los que siempre estamos buscando algo, sino también para quienes quizá no logran tener su casa como quieren, o cuando las finanzas, la vida, la familia o lo que sea no marche como quisiéramos. La verdadera paz no se encuentra en lo que podemos hacer o conseguir, sino en un Dios soberano que no deja caer ni un solo cabello de nuestras cabezas sin Su consentimiento.

MI NECESIDAD

Nosotros no hacemos muchas cosas simplemente porque nos gusta estar estresados y activos, sino porque, en general, necesitamos trabajar, ganar dinero, salir adelante y superarnos no solo por nosotros, sino por los que dependen de nosotros. Por eso no vemos como una posibilidad el frenar y descansar. Sin embargo, como lo he repetido en algunas ocasiones a lo largo del libro, somos expertos en generar excusas supuestamente válidas para no depender de Dios. Tenemos nuestras listas de *por qué* no podemos frenar y *por qué* nos debemos ocupar de todo.

Sin embargo, para cada argumento hay un pasaje en la Biblia que confronta nuestra supuesta convicción. Cuando estamos en esa postura de preocupación por no estar donde queremos debido a las deudas, las finanzas o lo que sea que nos preocupe en esta vida, tendemos a olvidar que Dios tiene el control absoluto. Por eso sentimos la necesidad de tomar la responsabilidad sobre nuestros hombros para alcanzar nuestros objetivos. Reflexionemos en las siguientes palabras de Jesús:

> Por lo tanto les digo: No se preocupen por su vida, ni por qué comerán o qué beberán; ni con qué cubrirán su cuerpo. ¿Acaso no vale más la vida que el alimento, y el cuerpo más que el vestido? Miren las aves del cielo, que no siembran, ni cosechan, ni recogen en graneros, y el Padre celestial las alimenta. ¿Acaso no valen ustedes mucho más que ellas? ¿Y quién de ustedes, por mucho que lo intente, puede añadir medio metro a su estatura? ¿Y por qué se preocupan por el vestido? Observen cómo crecen los lirios del campo: no trabajan ni hilan, y aun así ni el mismo Salomón, con toda su gloria, se vistió como uno de ellos. Pues si Dios viste así a la hierba, que hoy está en el campo y mañana se echa en el horno, ¿no hará mucho más por ustedes, hombres de poca fe? Por lo tanto, no se preocupen ni se pregunten «¿Qué comeremos, o qué beberemos, o qué vestiremos?». Porque la gente anda tras todo esto, pero su Padre celestial sabe que ustedes tienen necesidad de todas estas cosas. Por lo tanto, busquen primeramente el reino de Dios y su justicia, y todas estas cosas les serán añadidas.
>
> Así que, no se preocupen por el día de mañana, porque el día de mañana traerá sus propias preocupaciones, ¡Ya bastante tiene cada día con su propio mal! (Mat. 6:25-34)

Dios sabe perfectamente que tenemos necesidades. Él conoce tu situación al más mínimo detalle. Eso no significa que dejemos de esforzarnos creyendo que todo «caerá del cielo» sin requerir trabajo de nuestra parte. Por el contrario, el orden de Dios establecido en la Palabra es que debemos vivir y trabajar entendiendo que nuestro Padre celestial es nuestro proveedor que conoce nuestra necesidad. Hay una gran diferencia entre esmerarnos con diligencia, pero desconfiando de Dios, y esforzarnos dependiendo de Él. Si sentimos que todo depende de nosotros en lugar de descansar en la realidad de que Dios es nuestro sustentador, entonces no nos damos la oportunidad de detenernos y descansar. No solo eso, sino que a veces sacrificamos nuestra relación con Dios porque estamos demasiado ocupados tratando de resolver el caos de nuestra vida.

Una manera muy distinta de afrontar nuestra necesidad es reconocer nuestra situación y necesidad, pero con la convicción de que Dios nos sustenta y provee, nunca nos deja ni nos abandona. Esa seguridad nos lleva a esforzarnos y trabajar, pero sin sentir que todo el peso recae sobre nuestros hombros, porque sabemos en quién estamos confiando.

En el mismo sentido, cuando nuestra mirada está meramente en la necesidad, perdemos también el enfoque del propósito para nuestras vidas. Nos perdemos tanto en los afanes que no tenemos tiempo para tener comunión y asistir a la iglesia, para orar, leer la Biblia, discipular, ser discipulados o predicar el evangelio. Vivimos como si lo único realmente importante fuera lo que se encuentra en esta tierra, en lugar de vivir a la luz de nuestra salvación con la convicción de que Dios es quien nos sustenta.

Lo cierto es que muchas veces, aunque no lo queramos admitir, creemos que Dios es indiferente a nuestras carencias y que nosotros tenemos que hacer todo en nuestras fuerzas en lugar de reconocer que Aquel que sostiene el universo también nos sostiene a nosotros.

EL CONTROL DE LOS QUE ME RODEAN

Tener el control no queda limitado solo al trabajo, las finanzas, la casa o cualquier otra actividad. Ese deseo de control va más allá de esas áreas y también quiere alargar sus tentáculos hasta nuestras relaciones.

La lucha por el control no se limita únicamente a ciertas áreas de nuestras vidas, sino que es como una infección que afecta todo lo que somos y la forma en que vivimos. No me enorgullece reconocerlo, pero debo admitir que he querido tener el control aun de las personas que me rodean. Por mucho tiempo no percibí cuán prominente o real era esto en mi vida hasta que me casé. ¡Realmente Dios usa el matrimonio para santificarnos!

Tenía un problema al querer tener control sobre mi vida y obsesionarme con mis planes y agenda, pero ¿llegar al punto de decir que quiero controlar a los que me rodean? ¡Jamás! Sin embargo, mi deseo de control era más profundo y se extendía más allá de lo que pensaba. Aunque esto puede lucir diferente en cada persona, quisiera contarte un poco de esas evidencias en mi vida que me llevaron al arrepentimiento.

Por un lado, me di cuenta de que mis expectativas con respecto a cómo debía ser mi matrimonio eran inmensas: cómo debía ser yo como esposa, cómo debía ser mi esposo y cómo debía manejarse el hogar. Cuando no llegaba a cumplir con esas expectativas me frustraba porque perdía el control del resultado esperado. Tuve que reconocer que ese control era influenciado por mi orgullo de creer saber lo que era mejor, en lugar de ser más humilde y reconocer que no todo debe ser conforme a mi punto de vista ni a mis expectativas.

Por otro lado, soy una persona muy organizada y me gusta tener la casa de la manera más ordenada, práctica e impecable posible. Aunque suena como algo bueno, es un área que se puede volver muy pecaminosa si se quita a Dios del centro. Cuando mi esposo no ponía las cosas como yo quería, en el lugar que yo le había asignado y de la manera que yo pensaba era la mejor, me frustraba casi de inmediato. Fui muy confrontada por el Espíritu Santo y me di cuenta de que lo que buscaba era tener el control de eso también. Dios me ayudó y le agradezco por haber aprendido a soltar muchas cosas y entender que hay ciertas áreas de la casa que nunca estarán perfectas, y está bien. Valen más mi esposo y su corazón que tener un cajón perfectamente organizado.

No pienses que lo que te he mencionado solo es para los casados. Querer tener el control también se manifiesta cuando la persona que te gusta no te da la atención que quieres o no te muestra su interés como siempre soñaste... y te frustras y quieres organizarlo tú misma y ejercer el control para que las cosas sucedan como quieres. Las expectativas para con las relaciones no se limitan al matrimonio; también se exponen en los noviazgos y hasta en las amistades. Puedes querer tener el control para que tus amistades se desarrollen de cierta manera, si toman tu consejo o no, si actúan de maneras que no consideras apropiadas, etc. El punto es querer que las cosas sucedan de acuerdo con nuestras expectativas, porque al ejercer ese control, creemos que nos estamos asegurando un futuro tranquilo, feliz y libre de aflicciones.

LA VENGANZA ESTÁ EN MIS MANOS

Por otro lado, en ocasiones queremos tomar la venganza en nuestras manos, y creo que aquí muchos nos podemos identificar. Al vivir en este mundo perdido y pecaminoso, es imposible no experimentar el pecado de otras personas en contra nuestra, ya sea de maneras simples y superficiales o profundas y dolorosas. Nuestra naturaleza busca protegernos y defendernos cuando somos atacados o sentimos el peligro. También experimentamos un deseo de justicia y queremos que esa persona pague por lo que nos hizo, buscamos asegurarnos de que todos se enteren de lo que nos hicieron y simplemente queremos ejercer juicio en lugar de dejarlo en manos de Dios.

Quisiera aclarar que hay situaciones que ameritan ser llevadas a las autoridades, ya sea religiosas como civiles.

También hay otras situaciones que simplemente requieren de la compañía o la intermediación de otras personas para poder resolverlas. A lo que me refiero es que muchas veces nos cuesta soltar aun las ofensas más pequeñas, en especial las de las personas que están más cerca, porque sentimos que si no hacemos algo al respecto o, peor aún, si perdonamos la ofensa, entonces seguramente lo volverán a hacer. Actuamos de una manera pecaminosa estableciendo nuestras propias estrategias para sentir que tenemos el control y así evitar que las personas pequen contra nosotros.

La paz personal se diluye cuando otras personas pecan contra nosotros y se pone en evidencia el poco control que tenemos sobre nuestras vidas y sobre los demás. Me he encontrado en diversas situaciones a lo largo de la vida en las que se me ha tratado injustamente, en las que alguien se ha burlado de mí, me han ofendido o criticado sin razón. Esas contrariedades tienden a querer robarme la paz porque comienzo a desear hacer justicia con mis propias manos en lugar de descansar en Dios y esperar en Él. Termino creyendo que si no actúo, entonces no podré obtener paz, como si obtenerla estuviera en mis manos.

Te pondré un ejemplo. Una de mis mejores amigas pasó por algún tipo de crisis hace un tiempo. Utilizo la palabra «crisis» porque la manera en la que actuó y manejó la situación no tiene sentido para mí. Teníamos una boda de unos amigos mutuos y vinieron amigos de afuera de la ciudad. Bueno, se trataba de un grupo que rara vez se junta por cuestiones de distancia. Yo disfruté el tiempo que pasamos con amigos que no veía tan a menudo. La novia me comentó después de la boda que esta amiga le dijo en la misma celebración que yo había escrito una cadena de mensajes para hablar mal de ella y también le hizo otros comentarios difamando mi carácter. Me molesté mucho con la situación y decidí confrontarla con un testigo, pero no pudimos llegar a un arreglo. Algunos días después, me enteré de que les había ido a decir esas mismas mentiras a varias personas de nuestro grupo de amigos. No solo ella, sino también algunas de sus amigas, hicieron otros comentarios difamatorios sobre mí.

Me sentí súper confundida y enojada por todo esto. Hablaba muy seguido del tema con mi esposo y expresaba mis emociones en modo de queja contra aquella persona. Un día, mi esposo me preguntó: «¿En qué te ha afectado que hayan dicho esas cosas de ti? ¿Alguien les creyó? ¿Has perdido amistades?». Me quedé callada pensando en sus preguntas, hasta que me dijo: «Todo esto es porque te duele tu orgullo de que hayan dicho cosas que no son ciertas porque, fuera de eso, mira tu vida, todo está bien». En ese mismo momento, fui en arrepentimiento al Señor porque, más allá de que pecaron contra mí, lo que realmente me estaba robando la paz no era ese pecado, sino mi falta de control sobre la percepción que las personas tenían de mi vida.

Este es un pequeño ejemplo de muchos otros que enfrentamos y que seguiremos enfrentando en esta vida. El problema no será la afrenta misma, sino el deseo de querer tomar control de la situación en lugar de descansar en Dios bajo la convicción de que Él sigue teniendo el control aun en medio de esas situaciones dolorosas. Sin importar las acciones de los demás, seguimos siendo llamados a obedecer y glorificar a Dios.

Dicho esto, esa situación no culminó con mi arrepentimiento por mi actitud equivocada, sino que sentía la convicción de que tenía que buscar la reconciliación con esa persona porque somos hermanas en Cristo. Me costó muchísimo hacerlo, pero decidí tragarme mi orgullo y hablar con mi amiga y su amiga. Terminé siendo rechazada a pesar de mis intentos, como si yo fuera la que hizo algo en contra de ellas. Sin embargo, no sabes qué paz sentí al haber buscado sinceramente la reconciliación. Fue una gran lección para mi vida aprender que mi carne quería permanecer en su orgullo, pero mantenerme así solo me estaba llevando a la ansiedad. Pero desde que decidí descansar en

Dios y ser obediente a Él, logré encontrar paz aun en medio de algo que quedó sin resolver. Como dijo Pablo: «Si es posible, en cuanto de ustedes dependa, estén en paz con todos los hombres» (Rom. 12:18, NBLA).

EL FUTURO DEPENDE DE MÍ

La lucha con el control tiene mucho que ver con nuestro futuro. De alguna manera, queremos asegurarnos de que el futuro sea brillante y tal como esperamos. Ese tipo de mentalidad podría remontarse a que desde pequeños nos hablan de soñar con nuestro futuro, se nos dice que planeemos nuestras vidas y que nuestras acciones de hoy serán semillas para nuestro mañana. Aunque hay mucho de cierto en esos consejos, porque nuestras acciones del presente tendrán sus repercusiones en el futuro, lo que es totalmente falso es que podemos controlar nuestro futuro. Te puedo dar una evidencia muy sencilla con esta pregunta: ¿tu vida es como la imaginaste de niño? Puede que algunas cosas sí y otras no, y hasta puede que sea completamente como la imaginaste o soñaste. Tengo que reconocer que nada de mi vida es lo que Edyah en su momento soñó y planeó.

Cuando nos aferramos a la idea de que tenemos el control sobre nuestras vidas y hasta del futuro, entonces dejamos de buscar la voluntad de Dios y, por el contrario, esperamos que sea Él quien se someta a nuestra voluntad. Créeme que podemos fabricar ídolos de nuestro futuro y poner nuestra esperanza en que nuestra vida será tal como la esperamos porque tenemos algún tipo de control sobre nuestro futuro que nos da un falso sentido de estabilidad al tener una aparente certeza de lo que pasará.

Hice una pequeña encuesta en mis redes sociales porque quería saber cuáles eran algunas de las cosas que les robaban la paz a mis seguidores.

Estas fueron algunas de las respuestas: miedo a no casarme, querer todo rápido, no disfrutar temporadas por querer llegar a la siguiente y que mis sueños no se cumplan. La verdad es que todos esos miedos me eran demasiado familiares porque los he enfrentado o los continúo enfrentando al contemplar mi futuro.

Aferrarnos a un futuro controlado no solo nos roba la paz porque es algo que no podemos controlar, sino que también nos impide disfrutar el presente. Queremos un futuro pero sin edificarlo desde el presente, sin caminar el sendero día a día, sin que nuestro cuerpo, tal como un árbol, refleje las jornadas que vamos viviendo y los frutos que vamos recogiendo. Queremos ir tan de prisa para asegurarnos de que todo pase como queríamos que pasara, que perdemos el disfrute del hoy en nuestras vidas.

Sigo luchando justamente con ese deseo de control del futuro y con regularidad debo correr a Dios y pedirle que me ayude a disfrutar el presente porque el mañana siempre será incierto. No solo eso, sino que es muy posible que después de llegar a ese *futuro* terminemos añorando el pasado que no disfrutamos. Es evidente que esto nos robe la paz, porque nos lleva a un estado de insatisfacción total. Es una gran mentira que no puede darnos lo que nos promete (Sant. 4:13-17).

SI SUELTO EL CONTROL, TODO SE CAE

Nuestra lucha con el control está arraigada a la creencia de que si perdemos el control, entonces todo se caerá en pedazos. Actuamos como si fuéramos Dios y el mundo dejara de girar si perdemos el control. Nos da miedo la incertidumbre y sobre todo no aprendemos a confiar en Dios y depender de Él, que realmente tiene el control absoluto y permanente de nuestras vidas.

Debo admitir que me he encontrado una infinidad de veces con la mentalidad de que si no intento tener todo bajo control, entonces ocurrirá un desastre a mi alrededor. Me he llegado a dar tal importancia que ni siquiera recurro a Dios por ayuda, porque estoy muy ocupada planeando, preocupándome y estresándome por todo lo que tengo que hacer que suceda. Lo peor es que cuando las cosas no suceden como yo quiero, siento que Dios ha sido injusto y entonces tengo que tomar cartas en el asunto con mayor fuerza.

A veces estamos tan infectados con esta clase de búsqueda de control que, aunque podemos ver que no tenemos el control y que estamos agotados, igual seguimos intentando sin que seamos capaces de reconocer que algo anda mal y que esa no es la manera en que somos llamados a vivir. Es más, ignoramos el gran pecado que cometemos al actuar como autosuficientes. Tantas veces consideramos pecado a aquellas acciones que son evidentemente malas, pero ¿qué hay de aquellos pecados sutiles que anidan en nuestro corazón?

A lo largo de toda la Biblia, se presenta la necesidad de depender de Dios, de reconocer quién es Él, rendirnos ante Su autoridad y vivir confiando plenamente en Él porque conocemos bien a nuestro Salvador. Pero cuando vivimos intentando controlar nuestras vidas, nos volvemos nuestros propios dioses e ignoramos la grandeza y soberanía de nuestro Creador. Hay una canción de Santiago Benavides que me gusta muchísimo y, en momentos en los cuales mis planes se derrumban, me gusta escucharla y recordar unas cuantas verdades:

Gracias a Dios por la vida
Por sus penas y alegrías
Por sus llegadas y sus despedidas

Gracias a Dios por la vida
Aunque a veces no te diga
De qué manera va componiendo la sinfonía

Hay veces que todo va bien
Y hay otras que no van tan bien
Unas mañanas nos brilla el sol
Y otras más bien se le olvidó

Hay madrugadas de pajaritos
En que uno dice: ¡Uy, qué bonito!
Y otras que cantan de igual manera
Pero uno piensa en la cauchera

Para la dama y el caballero
Y para toda ocasión
Gracias a Dios por la vida
Por sus penas y alegrías
Por sus llegadas y sus despedidas

Gracias a Dios por la vida
Aunque a veces no te diga
De qué manera va componiendo la sinfonía

Cuando el espejo saque la lengua
Cuando ande triste la billetera
Cuando te venga gran aflicción
O cuando pierda la selección
No te hagas baños de agua bendita
No ahogues las penas en margaritas
No pongas sábila detrás de la puerta
Ni el Buda gordo sobre la mesa

Dios el desierto, tenlo por cierto,
Lo puede volver manantial.[1]

Esta canción me sirve para recordar que Dios tiene el control de todo, aun de los días malos, y que cuando las cosas no suceden

---

1. Letra y música: Santiago Benavides, *Mi amigo el millonario*, 2013.

como esperaba, no debo recurrir a fuentes externas que sacan a Dios de la ecuación y, aparentemente, tienen la solución. No nos confundamos porque Dios es quien tiene el poder absoluto sobre todas las cosas. Me encanta que la canción menciona que a veces Dios no nos dice cómo compone las sinfonías, y eso es tan real porque tú y yo vamos siguiendo lo que Él ha planeado día a día y no siempre sabemos qué encontraremos del otro lado de la medianoche. Sin embargo, debemos confiar y entender que aun las pausas y silencios son parte de sus sinfonías.

Para llegar a esa actitud y entendimiento que entregan el control al Señor, hay una necesidad de arrepentimiento y redirección. No podemos transformar nuestra forma de pensar y vivir en nuestras propias fuerzas; necesitamos correr a Aquel que tiene la capacidad de quebrantar el corazón más duro y necio. No podemos llegar a esa paz que deseamos sin dejar atrás el caos de nuestras vidas y correr a la fuente de esa paz que sobrepasa todo entendimiento (Fil. 4:7).

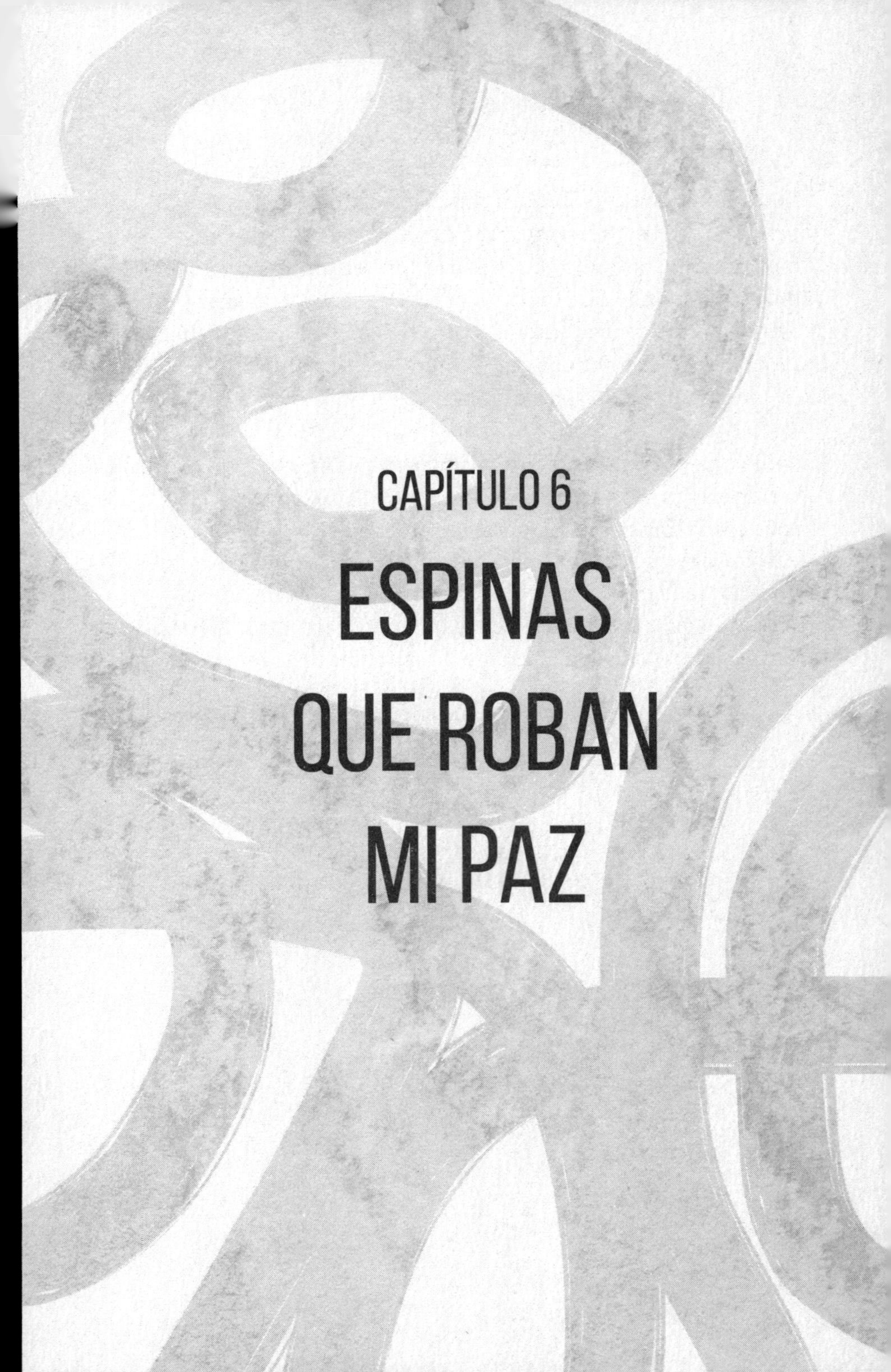

CAPÍTULO 6

ESPINAS QUE ROBAN MI PAZ

He venido exponiendo como *uno* mismo es el causante de su caos interno. Es decir, creernos autosuficientes e independientes de Dios hace que sea imposible vivir una vida en paz, y esa actitud nos pone en una situación de debilidad que se ve afectada por el caos de nuestro alrededor. Procesar esa realidad y buscar salir de esos patrones pecaminosos no es fácil ni rápido. Puedo confesar que sigo lidiando con todo aquello que formó parte de mi vida por tanto tiempo. Cada lucha se ve distinta, pero sigue siendo el mismo enemigo.

Les he contado que la ansiedad tiende a robarme la paz. Recuerdo en mi pasado momentos en los que la ansiedad estuvo presente aun sin tener conocimiento ni entendimiento de lo que era. Fue aumentando con los años y dejaba heridas dentro de mí que el Señor continúa sanando y que en fe tengo el anhelo de un día sanar por completo. Si no lo llego a vivir en esta tierra, igual tengo la certeza de que lo viviré en la eternidad.

La ansiedad se presenta en diferentes áreas de mi vida, y una de ellas es cuando manejo. Vivo en una ciudad bastante grande, donde es necesario tomar autopistas de alta velocidad. El límite de velocidad es alto y las personas lo exceden con regularidad. Además de la velocidad, hay mucho tráfico y muchos camiones. Es la receta perfecta para llenarme de ansiedad. Hoy me tocó manejar a Austin, una ciudad como a una hora de donde vivimos. Unos amigos nos vinieron a visitar, pero su vuelo llegaba al aeropuerto de esa ciudad. Jaasiel estaba trabajando, por lo que me tocó manejar para recogerlos. Todo el camino me lo pasé orando y pidiéndole a Dios que no me dejara entrar en pánico y poder llegar sana y salva a mi destino. Mientras oraba, le expuse mi corazón al Señor. Quiero compartirte el contenido de mi oración porque considero que revela un poco el corazón detrás de este libro.

> *Señor, no entiendo por qué después de tantos años sigo batallando con lo mismo. Sé que es parte de mi naturaleza pecaminosa el tratar de depender de mí misma, lo que me lleva a la ansiedad, preocupación y estrés, pero detesto tener que experimentar sus efectos. Odio sentir mis ojos irritarse y batallar con ellos a causa del estrés; odio sentir mi espalda tensarse y formarse nudos; detesto no poder dormir por la ansiedad; odio ver cómo entro con regularidad en estos ciclos que sé que solo son evidencia de mi falta de dependencia de ti. Los siento como pequeñas espinas puntiagudas que roban mi paz. ¡Ayúdame, Señor!*

Exponerte estas debilidades y heridas con las que todavía lucho en mi vida podría hacer que te preguntes cuáles son mis credenciales para hablar sobre el descanso y la paz en este libro. Déjame contarte por qué puedo hablar de eso a pesar de que continúo batallando con estos temas. Aunque mi lucha lleva muchos años, también es cierto que tengo tiempo aprendiendo y profundizando sobre estos temas a la luz de las Escrituras. Creo que ya ha pasado un par de años desde que logré ver mis luchas tal como son y he crecido en salud, convicción y entendimiento.

Comprenderlas me ha hecho pensar que ahora sí lograré superar la prueba, pero luego me vuelvo a encontrar con que hay situaciones que me afectan. Sin embargo, lo que ha cambiado es que ahora puedo ver que después de cada lucha hay como un eslabón más que se va acumulando en mi crecimiento, madurez y, sobre todo, en mi entendimiento del verdadero descanso que va más allá de lo que imaginaba.

Justamente, hace solo un par de semanas, mientras tenía mi tiempo devocional por la mañana, todos esos eslabones comenzaron a tomar un sentido profundo. Estaba leyendo Éxodo, y tengo que confesarles que Éxodo está dentro de los libros que más me cuesta leer prestando atención. Sin embargo, mientras lo leía, surgieron varios pensamientos sobre el descanso, y desde entonces, parece como si lo encontrara por todos lados en la Biblia y hasta en las prédicas de los domingos en la iglesia. Siento que nuevamente estoy en una etapa en la que Dios comienza a ablandar más mi corazón a Su Palabra y me apasiona compartir esas jornadas con ustedes.

YA NO PUEDO MÁS

La historia que les conté sobre mi crisis mientras manejaba es una de muchas en las que se presenta esa debilidad en mí. Por más que intentó luchar en mis fuerzas, siento que me canso mucho y no avanzo nada. A veces me siento incomprendida y hasta avergonzada por las aparentes tonterías con las que batallo. Me dan ganas de aislarme emocionalmente de alguna manera para no mostrar esa debilidad. Mi error fue que por mucho tiempo sentí que debía poder obtener la victoria yo sola, y si no podía, me sentía más débil.

Una de las peores mentiras que podemos creer los cristianos es que debemos encargarnos nosotros solos de nuestros problemas. Solemos creer que debemos enfrentar nuestro pecado y nuestras luchas solos antes de acudir a Cristo. ¡Esto no puede estar más alejado de la verdad! Reconozcamos que no podemos con nuestras fuerzas y que necesitamos con urgencia Su ayuda. Esto es sumamente importante porque mientras no nos rindamos, no podremos avanzar. Crecer, madurar y vencer nuestras debilidades por nosotros mismos será casi imposible porque justamente pone en evidencia que somos débiles y que no podemos solos.

Esta clase de mentalidad autosuficiente no nos permite exponer al Señor esas áreas vulnerables que apuntan a la necesidad de un Salvador. Se nos dice con frecuencia que podemos solos, que no dependamos de nadie, que basta depender de nosotros mismos, y se aplaude la aparente fortaleza para resolver sus propios dilemas que ciertas personas demuestran en momentos complicados. Esto nos lleva a creer que la fortaleza y las respuestas se encuentran en nuestro interior.

¡El lío en que nos mete esta mentalidad! Nos ahogamos en nuestras emociones y sucumbimos a nuestro quebranto. Además, es ilógico intentar rescatarnos a nosotros mismos. Por eso sentimos que nos estrellamos con regularidad contra la pared, porque intentamos salvarnos mientras nos estamos ahogando, en lugar de entender que necesitamos a alguien más fuerte y más grande que nosotros para rescatarnos.

La cultura individualista y egocéntrica en la que vivimos nos hace temer y hasta aborrecer la idea de que afirmemos: «Yo no puedo» o «No soy suficiente». Pareciera que reconocerlo nos deja en una posición vulnerable, al admitir que no tenemos todo bajo control y que, en efecto, somos dependientes de algo o alguien más. Quiero aclarar que, cuando hablo de no ser suficientes, no me refiero a que no somos personas de valor y que merecemos que nos maltraten o menosprecien. Lo que digo es que somos finitos, limitados y, en pocas palabras, no somos Dios.

Reconocer que no podemos enfrentarlo solos es el primer paso en la dirección correcta, porque de allí fluye el arrepentimiento, el entendimiento, la confianza y la dependencia de Dios. Pero antes de entrar más en detalle respecto a cómo salir de estos patrones pecaminosos, me gustaría que profundizáramos en por qué no somos suficientes y cómo luce eso en nuestras vidas.

SOMOS FINITOS

Es evidente que no vivimos para siempre. Nuestra vida tiene un final. Esto por sí solo debería ser un gran indicador o recordatorio para nosotros de que, como dice Santiago, nuestras vidas en esta tierra son como neblina que aparece por un momento y después se evapora (Sant. 4:14). Enfrentamos enfermedades, accidentes y el simple envejecimiento natural que deterioran o terminan con nuestras vidas. Hay indicadores que muestran cómo cada nuevo día que vivimos es uno que nos acerca a nuestro fin. Por más que queramos sentirnos invencibles y jóvenes por siempre, hay tanto en nuestra naturaleza que nos recuerda que no lo somos. Aun en las películas de superhéroes, que obviamente son ficción, ellos mismos muestran sus debilidades, limitaciones y hasta el fin de sus días.

Entender que somos finitos no debería darnos más miedo a la vida, sino brindarnos una perspectiva correcta de quiénes somos a la luz de la eternidad. Darnos cuenta de nuestra fragilidad nos ayuda a ir cambiando nuestra perspectiva de la vida y de nosotros mismos. Nuestro instinto de supervivencia nos lleva a apoyarnos en nuestro orgullo al actuar y vivir como si fuéramos indestructibles, aunque sabemos que no lo somos.

¿Nos cuesta tanto entender que no somos Dios? No solo en la brevedad de nuestras vidas, sino también en el poquísimo conocimiento que tenemos de lo que sucederá en un minuto. Podemos hacer muchos planes para el futuro, pero no podemos saber con certeza lo que sucederá más allá de este mismo momento. A veces, las cosas suceden como esperábamos y tendemos a vivir como si tuviéramos todo nuestro futuro garantizado, pero lo cierto es que no tenemos ni la menor idea de lo que traerá el mañana. Me llama mucho la atención la manera en que lo explica Santiago:

> Ahora escuchen con cuidado, ustedes los que dicen: «Hoy o mañana iremos a tal o cual ciudad, y estaremos allá un año, y haremos negocios, y ganaremos dinero». ¡Si ni siquiera saben cómo será el día de mañana! ¿Y qué es la vida de ustedes? Es como la neblina, que en un momento aparece, y luego se evapora. Lo que deben decir es: «Si el Señor quiere, viviremos y haremos esto o aquello» (Sant. 4:13-15).

Me encantan las palabras de este pasaje porque apuntan al corazón del ser humano y a la realidad de que el único que tiene el control es Dios. Solemos vivir como si realmente tuviéramos el control de las cosas, pero este pasaje nos reta a vivir en humildad reconociendo que nuestra vida es frágil, nuestro conocimiento finito y, por lo tanto, por más que planeemos, lo único que sucederá sin falta es la voluntad de Dios, y no la nuestra.

Estas son algunas de las muchas evidencias que existen de que no podemos ser autosuficientes. Aunque muchas veces actuemos de esa manera, nunca será una realidad absoluta para nosotros los humanos. Nuestras limitaciones humanas nos recuerdan cuán pequeños somos en el inmenso océano de la vida. La evidencia constante nos recuerda que no somos tan fuertes como pensamos, ni tan inteligentes como creemos. Solo eso nos debe ayudar a reconocer la grandeza de Dios y nuestra necesidad de depender de Él.

LAS GRIETAS EN LA PARED

Deseamos tener el control porque caemos en la idea errónea de que podemos alcanzarlo. Es como si intentáramos tapar el sol con un dedo al ignorar nuestra insuficiencia y limitaciones para creer que podemos controlar todos los aspectos de nuestras vidas. Pero basta con mirar a nuestro alrededor para darnos cuenta de que somos un caos cuando no nos sometemos a Dios.

Rendirnos a nuestra propia voluntad y manera de pensar nos deja en un mundo lleno de grietas y precipicios en el que no podemos sostenernos. Las grietas en las paredes que construimos solo nos revelan cuán insuficientes son nuestros intentos de tener todo bajo control, porque poco a poco todo empieza a escaparse por esas aberturas y lo poco que pudimos construir termina desmoronándose. Santiago también nos dice lo siguiente:

> ¿De dónde vienen las guerras y las peleas entre ustedes? ¿Acaso no vienen de sus pasiones, las cuales luchan dentro de ustedes mismos? Si ustedes desean algo, y no lo obtienen, entonces matan. Si arden de envidia y no consiguen lo que desean, entonces discuten y luchan. Pero no obtienen lo que desean, porque no piden; y cuando piden algo, no lo reciben porque lo piden con malas intenciones, para gastarlo en sus propios placeres. ¡Ay, gente adúltera! ¿No saben que la amistad con el mundo es enemistad con Dios? Todo aquel que quiera ser amigo del mundo, se declara enemigo de Dios. No crean que la Escritura dice en vano: «Ardientemente nos desea el Espíritu que él ha hecho habitar en nosotros». Pero la gracia que él nos da es mayor. Por eso dice: «Dios se opone a los soberbios, y da gracia a los humildes». Por lo tanto, sométanse a Dios; opongan resistencia al diablo, y él huirá de ustedes. Acérquense a Dios, y él se acercará a ustedes. ¡Límpiense las manos, pecadores! Y ustedes, los pusilánimes, ¡purifiquen su corazón! ¡Lloren, aflíjanse, hagan lamentos! ¡Conviertan su risa en llanto, y su alegría en tristeza! ¡Humíllense ante el Señor, y él los exaltará! (Sant. 4:1-10)

Cuando vivimos sometidos al yo y desde nuestro pecado, las consecuencias de nuestras acciones y decisiones vendrán desde ese pecado. Tomamos el control de nuestras vidas de forma egoísta buscando obtener lo que deseamos, pero al hacerlo sin Dios, terminamos haciéndolo de una manera totalmente pecaminosa. Cuando nos declaramos autosuficientes y sin necesidad de Dios, es imposible vivir en paz porque todas las personas quieren tomar el control, crean sus propias expectativas y reglas. El resultado es división y más caos. Las guerras, los conflictos, la corrupción en las autoridades, el hambre, las injusticias, todos esto dolores son el resultado de acciones egoístas que solo buscan el beneficio propio sin importar el costo en los demás.

Lo que sucede a gran escala en la humanidad también se observa en nuestras propias vidas, nuestros corazones y en las actitudes que manifestamos con los que viven a nuestro alrededor. Es muy fácil reconocer el pecado de otros y afirmar lo mal que está nuestro mundo, pero ¿somos capaces de reconocer que muchas veces somos nosotros quienes añadimos leña al fuego? También nosotros actuamos desde nuestros malos deseos, envidias y egoísmo. ¡Recordemos que este pasaje es para cristianos! Nosotros necesitamos darnos cuenta de estas verdades para volvernos en arrepentimiento y humildad a Dios.

Un mundo gobernado por las pasiones humanas y el egoísmo es un mundo caótico que está pasando constantemente por cambios, y no hay estabilidad alguna. Entonces, ¿por qué buscamos encontrar paz en esa clase de mundo? ¿Cómo podemos pensar que las respuestas se encuentran en lo que este mundo puede ofrecer o lo que nosotros podríamos hacer por el mundo? Dios no nos creó para vivir independientes de Él; ese no fue el diseño divino original. No creó un mundo para que encontráramos nuestro refugio, paz y suficiencia en nosotros mismo y sin Dios.

Sin embargo, así vivimos tan equivocados. Es más, hay personas que alzan sus ojos al cielo, levantan sus puños enojados y reclaman a Dios por las atrocidades en el mundo. Cuestionan la existencia y la bondad de Dios porque no entienden cómo un

Dios bueno puede permitir que pasen cosas malas. Pero eso solo muestra que queremos vivir sin Dios, pero sin sufrir las consecuencias. Cuando enfrentamos las consecuencias, en lugar de asumir la responsabilidad, culpamos a alguien más. Tendríamos un mundo totalmente diferente si viviéramos en obediencia y sujeción a Dios, pero lo cierto es que el pecado nos lleva a vivir separados de Dios y eso tiene consecuencias funestas.

Sé que nos cuesta admitir que pecamos contra Dios aun siendo cristianos. No reconocerlo hizo que por mucho tiempo no cambiara mi manera de ser y vivir porque temía reconocer las áreas podridas de mi corazón. Todo lo que he escrito es producto de las convicciones que el Espíritu Santo, con ternura y firmeza, ha traído a mi corazón para poder ser transformada. Lo más hermoso es que encontramos verdadera libertad y paz cuando entendemos nuestra insuficiencia y elevamos nuestros ojos para ver al Único suficiente y pedirle que tenga misericordia de nosotros y nos guíe en nuestro tránsito por la vida con la seguridad que solo Él puede proveer.

SOY MI ENEMIGO

Estoy tratando de evidenciar cuán débiles somos porque solemos ignorarlo. Como acabo de decir, tememos tanto reconocer que no somos tan fuertes y que no podemos solos, que aun viendo el problema, tratamos de justificarlo o simplemente ignorarlo. Aunque hay demasiada evidencia en nuestras vidas de nuestras limitaciones y de la necesidad de Dios en esta tierra, nos cuesta admitirlo. Esa lucha tiene que ver con nuestra percepción equivocada de nosotros mismos.

La cultura contemporánea aplaude a los que se reconocen fuertes, a los que se imponen sobre los demás, a los que pueden con todo y a los que tienen poder y autoridad. Por lo tanto, esa presión hace que temamos admitir nuestra vulnerabilidad. Este mundo enseña una definición equivocada de fortaleza y, en consecuencia, caemos en la soberbia y la autosuficiencia engañosa.

El simple hecho de que nos da miedo nuestra reputación y la opinión de las personas muestra cuán débiles somos. Si realmente fuéramos tan fuertes como pretendemos, no iríamos por la vida buscando adaptarnos a lo que se espera de nosotros, no tendríamos como prioridad los estándares culturales ni buscaríamos agradar a un montón de desconocidos. Esa actitud por sí misma comprueba nuestra debilidad. ¿Acaso vemos a Dios amoldándose a las personas por miedo al rechazo? ¡Claro que no! Él es Dios todopoderoso que está por encima de todo. No necesita la aprobación de nadie, no necesita de nada ni de nadie porque Su persona está por encima de todas las cosas. Él sigue gobernando con toda soberanía y autoridad.

Por el contrario, tú y yo necesitamos elementos externos y otras personas para poder vivir. No solo me refiero a necesitar aire, agua y comida para nuestra supervivencia, sino también que tenemos una necesidad emocional. Fuimos creados para vivir en comunidad. Aun la persona más introvertida necesita de personas a su alrededor para estar emocionalmente estable. Por falta de interacción con otros seres humanos, una persona puede empezar a sentir que se vuelve loca. Podremos tener el ego más grande del mundo, pero no hay manera de tapar el sol con un dedo y no percibir que nuestra debilidad se desborda por todos lados. Aun las personas que lucen demasiado seguras y a las que no les importa la opinión de los demás tienen esas áreas rotas que con desesperación buscan cubrir con su apariencia de control.

Recuerdo que, al ser una niña y adolescente tan insegura, lo que más admiraba era esa aparente fortaleza que podía ver en la vida de ciertas personas. Eso hizo que asumiera una mentalidad de «finge hasta que lo logres».

Pensaba que tenía que fingir seguridad hasta que se volviera una realidad. Creía que allí radicaba la respuesta a mis dilemas, hasta que me fui dando cuenta de que no existen tales personas fuertes por sí mismas. Empecé a darme cuenta de que hasta las mujeres más hermosas tenían miedos e inseguridades al igual que yo. Noté que muchas personas que aparentaban seguridad tenían en realidad una inseguridad tal que usaban la máscara de la superseguridad y fortaleza para no ser lastimadas. Entendí que esa debilidad humana no podía ser vencida con más debilidad humana.

Nuestro ego termina siendo nuestro peor enemigo porque nos impide vivir en humildad y reconocer que necesitamos un Salvador. Negamos nuestro pecado, insuficiencia y necesidad con tal de seguir sobreviviendo a través de una vida fingida que pareciera que impide que seamos comidos por los peces más grandes.

Esta fue un área que necesitaba trabajo y que Dios tuvo que revelar a mi corazón. Por lo general, no me considero una persona egocéntrica ni orgullosa, pero Dios con bondad y paciencia me demostró que el orgullo tiene múltiples manifestaciones. El Señor trajo convicción a mi corazón de que vivir desde mi autosuficiencia era vivir desde mi orgullo. Por mucho tiempo luché por llegar a ser una *niña buena*, cometer un error me dolía demasiado, pero no me dolía haberle fallado a Dios. Tenía miedo a la opinión de las personas y a que otros vieran que fallé. Quisiera compartirte algo que escribí en octubre de 2020 y de lo que hablé más profundamente en mi libro *Nuestro Edén*:

> *Hay máscaras que he ido construyendo con el tiempo. De muchas, con la ayuda de Dios, logré librarme, pero a una en particular seguía aferrándome, pensando que eran mis ideales, sin darme cuenta del gran engaño que esto había causado en mi interior. La máscara de la «niña buena» viene con la raíz del miedo al rechazo, a no querer decepcionar, a querer aprobación.*

> *Pero eso solo ponía un peso extra en mí de ser algo que no soy: buena. Tengo una necesidad inmensurable de Jesús. La misma necesidad que el peor pecador tiene de Jesús, también la tengo yo. Me esforzaba tanto por tener buenas obras que dejaba de depender totalmente de Jesús y lo perdía de enfoque. De nada sirven las buenas obras que no tienen una relación con Dios. De nada sirven las buenas obras si no reflejo a Cristo. Nunca se ha tratado ni se va a tratar de qué tan buena puedo ser, sino de qué tan bueno ya es Él. Se trata de mi constante dependencia de Él, entendiendo que fuera de Él no hay nada. Que todos los méritos y obras «buenas» son un trapo sucio para Él. La plenitud y satisfacción vienen de Él únicamente. Entonces, en lugar de estar en una constante presión de «ser», tengo que recordar lo que Él ya es.*

Ya hace años que el Señor ha estado confrontando amorosamente mi corazón y ha puesto en evidencia que mi miedo al fracaso, la crítica y una mala reputación era el dictador que gobernaba mi vida. Todo eso tiene que ver con el *egoísmo*. Vivir de esta manera se convierte en un ciclo interminable donde uno trata de hacer todo por sus propias fuerzas, para terminar fracasando y darse cuenta de su incapacidad. Pero tercamente queremos volver a intentarlo como si fuera a llegar el día en que el resultado será diferente. Un pasaje que Dios usó para confrontar mi corazón con esa realidad fue:

> Pero eso a mí no me preocupa, pues no considero mi vida de mucho valor, con tal de que pueda terminar con gozo mi carrera y el ministerio que el Señor Jesús me encomendó, de hablar del evangelio y de la gracia de Dios (Hech. 20:24).

Fui confrontada al leerlo porque no podía decir esas mismas palabras, ya que a mí sí me preocupaba lo que la gente dijera, sí me preocupaba mi reputación y consideraba mi vida de mucho valor. Mi enfoque no estaba en poder vivir a la luz de lo que Dios había establecido en mi vida, sino en no fracasar y alcanzar mis expectativas. Entendí la cantidad de orgullo que había en mi corazón, que me había cegado por tantos años y que me impedía vivir en esa paz que tanto anhelaba.

MATAR EL PECADO

Anhelo que podamos ver la realidad de nuestro corazón delante de Dios. Que podamos reconocer que las raíces de muchas de nuestras ansiedades, inseguridades, ganas de tener el control o autosuficiencia, provienen del pecado que le da la espalda a Dios y busca adueñarse de nuestras vidas. Reconozcamos el pecado en nuestras vidas para poder rendirlo a los pies de Cristo y empezar a vivir de una manera distinta. Lo que hemos visto hasta ahora solemos considerarlo normal, ya que son luchas que tienden a ser comunes entre las personas. Podemos ver cómo todos siguen sus pasiones, buscan tener el control y viven bajo un permanente estrés. Esa realidad nos convence de que es totalmente normal vivir de esa manera, pero vivir así es contrario a lo que afirma la Palabra de Dios. Finalmente, ese estilo de vida es resultado de la naturaleza pecaminosa y no un fruto del Espíritu.

Ya he mencionado que solemos culpar a Dios por la manera en la que vivimos y los resultados que obtenemos. Nos escondemos detrás de excusas al hablar de nuestros miedos, ansiedades e inseguridades. Creemos que las razones por las cuales no vivimos en la paz de la cual nos hablan las Escrituras son totalmente válidas y razonables pero ¿podría ser que sean fruto de nuestro pecado? ¿Será que no entendemos la suficiencia de Dios y seguimos dependiendo de nosotros mismos? ¿Será que fallamos en vivir a la luz de la eternidad y le damos demasiado valor a nuestras vidas en esta tierra? Lo cierto es que tenemos tanto miedo de perder todo lo pasajero que nos aferramos a ello como si fuera un tesoro eterno. Si esa es nuestra realidad, los únicos culpables de no experimentar y vivir en la verdadera paz somos nosotros.

Somos tan fácilmente cegados por nuestro pecado que no nos atrevemos a lidiar con ciertas áreas de nuestras vidas. Es cierto que me costó ver mi pecado en toda su dimensión y ramificaciones. Nos duele en el orgullo al reconocerlo y nos pesa saber que no vivimos como era necesario. Nos cuesta reconocer que no tenemos a nadie más a quien culpar más que a nosotros mismos. Pero te puedo asegurar que encontramos libertad cuando entendemos que con la ayuda de Dios podremos acabar con ese pecado que habita en nosotros.

Todos tenemos distintas áreas en nuestras vidas que necesitan ser pulidas por Dios y Él está interesado en traer convicción a nuestro corazón. Nos muestra nuestro quebranto en su real dimensión, pero no para dejarnos en la desesperanza, sino para que podamos correr al Único que es capaz de hacernos libres de esas ataduras. Él conoce nuestras debilidades y no nos pide que las enfrentemos solos, sino que nos capacita y fortalece para poder pelear contra ese pecado y tener victoria mediante Su sacrificio.

Tanto tú como yo hemos sentido que enfrentamos una batalla que nunca acaba. Me he sentido sin esperanza al ver cuán rota estoy y cuántas áreas podridas encuentro en mi corazón. Sin embargo, en medio del caos en que se encontraba mi vida, experimenté tanta gracia de parte de Dios que día a día mejoro en aprender a descansar en Él. Han sido jornadas de aprendizaje en las que Dios no me pide lidiar con mi pecado por mí misma, sino correr a Él, confiada. He podido entender que por más que trate de ocultar mi pecado, no hay nada que pueda esconder de Aquel que lo sabe todo. Sí, ha tomado mucho tiempo y lágrimas, pero el Espíritu Santo ha traído tanta convicción a mi corazón a través la Palabra de Dios que ahora me siento llena de esperanza de poder vivir en esa completa paz que solo Dios es capaz de dar, aun en medio de nuestro mundo tan roto y caótico.

Hasta este punto, hemos cubierto diferentes áreas en las que como cristianos fallamos, y las hemos ido evidenciando poco a poco. Me imagino que sigues con preguntas sobre cómo lograr vivir en esa paz que solo Dios puede dar. La clave está en conocer quién es Dios y quiénes somos en Dios. Es increíble lo que la obra redentora de Cristo ha logrado en nuestras vidas y debemos conocerla en profundidad.

En los capítulos pasados, hablamos de nuestra debilidad, luchas e ideales que con frecuencia nos acompañan, pero la pregunta «¿Cómo vivir en paz?» sigue sin ser contestada. Espero que en los siguientes capítulos encuentres las verdades correctas para formar esos cimientos en tu vida que te permitan lograr vivir en esa paz y descanso que nuestro Dios puede y quiere brindarles a Sus hijos.

CAPÍTULO 7

SOMOS HIJOS DE DIOS

Hemos estado viendo raíces diversas que viven dentro de nosotros y que hacen crecer las espinas que roban nuestra paz y crean un caos en nosotros. Sin embargo, solo son sombras del verdadero problema o, más bien, de la verdadera necesidad que tenemos como cristianos. Me refiero a que, aunque todo lo que hemos venido hablando es cierto y son áreas en las que tendemos a fallar, hay todavía una razón más grande detrás de toda nuestra búsqueda.

Hay verdades cruciales que los cristianos repetimos con regularidad, pero que no hemos realmente entendido ni creído. ¡Allí se encuentra el problema! En tantas ocasiones proclamamos una cosa con nuestros labios pero, como esas verdades no han llegado a nuestro corazón, vivimos de manera contraria a lo que decimos creer. Esto es cierto en todas las áreas de nuestras vidas y también en este tema de buscar paz en medio del caos. Tendemos a justificar nuestros patrones erróneos en lugar de reconocer que no hemos estado alineándonos a esas verdades que decimos creer como Palabra de Dios.

Cuando mi vida tuvo un cambio radical, todavía había mucha inmadurez dentro de mí. Eso me llevaba a entrar en crisis en cuanto algo se salía de mi *control*. Me era *fácil* confiar mientras todo marchaba según mis expectativas, pero en cuanto la trama cambiaba, desaparecía también mi confianza. Aunque sabía en mi cabeza que Dios era el único con poder y que debía vivir para Él, seguían las luchas en mi corazón, porque me ponía a mí primero y confiaba más en mi capacidad que en Dios.

Llegué a un punto donde tuve que aceptar que realmente no sabía lo que significaba ser hija de Dios y lo que eso implicaba en mi vida. Sabía que Jesús había muerto por mí en una cruz y que me había salvado, pero en realidad no entendía lo que eso significaba en la práctica. Aunque es normal que cuando recién nos convertimos no entendamos en profundidad muchas cosas debido a que son conceptos nuevos, no podemos quedarnos con ideas vagas, sino que debemos ir creciendo y madurando en nuestro entendimiento. Agradezcamos al Espíritu Santo que obra en nuestros corazones para ir guiándonos a toda verdad e ir revelando cada vez más Su Palabra.

Para poder entender cómo es posible experimentar paz en medio del caos, lograr vestirnos con la armadura de Dios, someter nuestros pensamientos a Cristo, dejar de querer tener el control y simplemente dejar de ahogarnos en nuestros propios ideales y expectativas, es importante comprender la gran verdad de que somos hijos de Dios. Conocer nuestra identidad es clave para vivir una vida diferente. Saber quiénes somos y de Quién somos es vital para dejar el caos en nuestras vidas.

Todos enfrentamos luchas en esta tierra, pero los hijos de Dios no debemos hacerlo de la misma manera. Más allá de llamarnos cristianos, solemos olvidar o no comprendemos totalmente qué significa ser hijos de Dios. Créeme que ese entendimiento hace la gran diferencia en nuestras vidas. Me reconocía hija de Dios, pero no entendía cabalmente lo que eso significaba para mi vida. Jamás volví a ver la vida de la misma manera cuando realmente comprendí su significado. Mi identidad como hija de Dios continúa siendo el filtro por el que me veo a mí, mi vida y a los cristianos que me rodean.

Sé que nos cuesta admitir nuestras debilidades y pecados porque nos da miedo sentir que no somos dignos de Dios.

Pero cada ser humano que vive en este mundo caído nace en una condición pecaminosa y eso, por sí solo, nos hace indignos de Dios. Pablo dice lo siguiente: «Por cuanto todos pecaron y están destituidos de la gloria de Dios» (Rom. 3:23).

Todos los humanos hemos pecado y estamos automáticamente separados del Dios santo y libre de todo pecado. La salvación, por lo tanto, no es resultado de nuestros méritos ni buenas obras. Dios no nos rescata porque ve algo bueno en nosotros o porque necesite algo que podamos brindarle. Su salvación es resultado de un amor que depende totalmente de Él y no depende para nada de nosotros.

> Mas Dios muestra su amor para con nosotros, en que siendo aún pecadores, Cristo murió por nosotros (Rom. 5:8, RVR1960).

Él demostró Su amor por nosotros al crear un camino inédito de salvación. Las Escrituras nos dicen que el pecador merece la muerte (Rom. 6:23). Nosotros merecíamos la muerte y estar destituidos de la gloria de Dios para siempre. No había manera de salvarnos, pero Dios, en Su gracia, amor, misericordia y soberanía, creó un camino de salvación para los que no lo merecían mediante Su único Hijo Jesús.

Jesús vino a esta tierra para vivir la vida que nos correspondía y que éramos incapaces de vivir. Enfrentó pruebas, aflicciones, tentaciones, rechazo y todo lo que enfrentamos como humanos, pero la gran diferencia es que nunca pecó, y vivió una vida perfecta. Ya que el pecado merece muerte, alguien tenía que pagar por nuestro pecado para poder ser salvos. Ese alguien fue Jesús. Él tomó nuestro lugar y cargó con nuestra culpa y pecado llevando nuestra sentencia de muerte. Sin embargo, la muerte no lo pudo contener y resucitó de entre los muertos para que los que creemos en Él vivamos también en el poder de una vida nueva que solo Él ofrece.

Mediante ese sacrificio, no solo quedamos sin deuda delante de Dios, sino que fuimos reconciliados con Él, ¡y adoptados como Sus hijos! Pasamos de ser enemigos a amigos, de simples criaturas a hijos amados. Esa es una verdad que no queda limitada al momento de la salvación, sino que afecta cada área de nuestras vidas por el resto de la eternidad. Es a la luz de esa verdad que podemos confiar en Dios y depender de Él aun cuando nuestro mundo parece ponerse caótico.

LA VERGÜENZA DE MIS HERIDAS

Sentir que no merecemos el título de hijos hace que luchemos con aceptar nuestra identidad como hijos. Sin embargo, recibir ese título por gracia debe traernos paz porque significa que ya nada está en nuestras fuerzas; todo está bajo la obra redentora de Cristo. Esforzarnos como si estuviéramos solos o como si Dios nos pidiera lidiar y vencer nuestros problemas por nosotros mismos es el resultado de la falta de comprensión de nuestra realidad como hijos de Dios. Sentimos vergüenza de nuestros problemas y por eso tratamos de lidiar con ellos sin Dios. Nos escondemos e intentamos enfrentarlos, aunque por dentro sabemos que no podemos. Es muy triste ver a un cristiano que no entiende su salvación y sus implicancias en su vida. Todas nuestras luchas pueden tener como origen la falta de entendimiento de esta nueva vida en Él.

Cuando se nos entrega la gran noticia del evangelio, de la nueva identidad que tenemos en Él, sentimos vergüenza al ver nuestro pecado e insuficiencia, y por eso nos cuesta creerlo. La falta de seguridad de nuestra salvación tiene un impacto gigante en nuestras vidas, porque seguimos viviendo como si no tuviéramos ese gran regalo y acceso a Dios. Si no tenemos seguridad en Cristo, no podemos vivir a la luz de Su Palabra ni de Sus promesas. Por eso quisiera tomarme un tiempo para hablar sobre el perdón que recibimos de una manera práctica.

Recuerdo claramente cuando me di cuenta de que decía seguir a Dios pero no vivía para Él. Su gran y hermoso sacrificio por mí no me había llevado a vivir consagrada a mi Salvador. Sentí tanta emoción y convicción, aunque al mismo tiempo me seguía sintiendo arrastrada por mi actitud egoísta del pasado. Estaba llena de vergüenza y manchada por mi vida antes de Cristo que no sabía cómo podía avanzar y gozar de esa vida nueva que Él decía que tenía para mí. No entendía cómo una vida tan rota podía alcanzar propósito, paz y gozo. Esas dudas robaban mi paz porque no lograba entender la realidad del perdón de Dios y la posibilidad de vivir una vida nueva. No podía comprender que Dios realmente no me viera por mi insuficiencia sino en Cristo, y que pudiera ser una nueva criatura en Él.

Un día, en mi tiempo con Dios, estaba leyendo un devocional basado en el Salmo 103:12: «Tan lejos como está el oriente del occidente, alejó de nosotros nuestras rebeliones». El autor explicaba cómo el perdón de Dios no era como el perdón humano, que sigue recordando las heridas y las fallas, que dice perdonar pero sin olvidar. La clase de perdón que Dios ofrece es absoluta, porque nos ve mediante el sacrificio de Jesús y no a la luz de nuestra insuficiencia.

Me aferré con todas mis fuerzas a ese pasaje y no volví a vivir igual después de ese día. Realmente entendí que el sacrificio de Jesús fue ofrecido justamente por mi insuficiencia y pecado. Comprendí que mi deuda estaba pagada delante de Dios por Jesucristo y que cuando yo me acercaba al Señor, no lo hacía sola o basada en mis méritos, sino que Jesús intercedía por mí. El perdón que Jesús ofrece no se compara con el perdón humano insuficiente, y realmente el sacrificio de Jesús en esa cruz hace que Dios me vea como una hija limpia, justificada y una nueva criatura.

ÉL LO SABE

Podemos tener claro de que somos perdonados y que el pasado realmente ha quedado en el pasado, y todavía podemos seguir teniendo una lucha con respecto al presente y el futuro. Sabemos que fuimos perdonados y que tenemos una nueva vida, aunque nos damos cuenta de que seguimos teniendo tentaciones, debilidades y que continuamos pecando.

Esa realidad nos puede llevar a dos posturas contradictorias si no buscamos entenderlas correctamente. Por un lado, nos puede llevar a minimizar nuestros pecados, porque simplemente ya no participamos en pecados groseros y escandalosos. Nuestros pecados, en comparación con los de los demás, pueden parecer inofensivos, y eso nos permite justificarnos y minimizarlos.

Esto es muy peligroso, porque si les restamos importancia a nuestros pecados, entonces no permitimos que continúe el proceso de santificación en nuestras vidas. Delante de Dios no hay pecados justificables y condenables. Todos ofenden a Dios y nos separan de Él. Por eso el Espíritu Santo tiene que seguir puliendo toda área en nosotros que no se alinea a Su santidad. Si minimizamos nuestros pecados, dejamos de depender de Dios y caemos en autojusticia y autosuficiencia.

Por otro lado, nos cuesta reconocer nuestro pecado y nos atemoriza lidiar con él porque dudamos de nuestra salvación, del amor de Dios por nosotros o simplemente nos da miedo acercarnos a Él y presentarnos tal como somos. Por eso primero tratamos de lidiar con nuestro pecado por nosotros mismos, en un intento de enfrentar nuestra insuficiencia y encontrar las respuestas. Lo que se ha perdido de vista es que el Señor nos conoce profundamente y que nunca deja de estar al tanto de toda nuestra realidad. Un ejemplo clarísimo es el de Adán y Eva, quienes después de comer del fruto prohibido sintieron vergüenza, se escondieron y buscaron cubrir su desnudez con hojas. Sin embargo, Dios ya sabía lo que habían hecho y que esa cobertura era totalmente insuficiente para cubrir su pecado y vergüenza.

A pesar de que hubo consecuencias inmediatas para Adán, Eva y el resto de la humanidad, podemos ver cómo Dios mostró Su misericordia y amor al darles la promesa mesiánica de que vendría Cristo a esta tierra a redimir a la humanidad del pecado. Este ejemplo es hermoso porque podemos ver la insuficiencia de los actos humanos que no podremos ocultarle nunca al Señor, y la suficiencia y perfección de lo que Dios es capaz de hacer a nuestro favor sin merecerlo.

Gracias a Dios que me dio el entendimiento y la convicción de que Él conoce absolutamente todo de mí. No hay nada que esté fuera de Su conocimiento y no hay manera en que yo pueda esconder lo que hay en mi mente ni corazón. Él conoce por completo cada parte de mí y ahora me ve mediante el sacrificio de Cristo a mi favor. El Señor me sigue amando con un amor tan profundo y magnífico, que Pablo llega a decir:

> ¿Quién nos separará del amor de Cristo? ¿Tribulación, o angustia, o persecución, o hambre, o desnudez, o peligro, o espada? Como está escrito:
>
> > Por causa de ti somos muertos todo el tiempo;
> > Somos contados como ovejas de matadero.
>
> Antes, en todas estas cosas somos más que vencedores por medio de aquel que nos amó. Por lo cual estoy seguro de que ni la muerte, ni la vida, ni ángeles, ni principados, ni potestades, ni lo presente, ni lo por venir, ni lo alto, ni lo profundo, ni ninguna otra cosa creada nos podrá separar del amor de Dios, que es en Cristo Jesús Señor nuestro (Rom. 8:35-39, RVR1960).

¡Entender nuestra posición delante de Dios cambia las cosas! Nuestra falta de paz y el caos de nuestras vidas vienen porque no entendemos la paz que tenemos con Dios en Jesucristo y cómo esa realidad espiritual afecta toda nuestra vida. Tenemos acceso directo al Padre a pesar de nuestras debilidades y Él nos pule, capacita y dirige cada día de nuestras vidas.

A SALVO PARA SIEMPRE

Ya hemos visto que no podemos seguir corriendo o escondiéndonos del Creador como lo hicieron Adán y Eva. La solución nunca será escondernos u ocultar nuestra realidad del Dios omnisciente, y menos aún seguir apoyándonos en nuestras fuerzas y capacidades. Finalmente, permitimos que el miedo y la vergüenza dirijan nuestras vidas en lugar de vivir desde la salvación que Cristo nos ha otorgado.

Como les he contado, por mucho tiempo no podía comprender que era hija de Dios por gracia, que no era algo merecido, y pensaba que necesitaba comprobar que era digna de recibir Su perdón y amor. Seguía recurriendo a mis esfuerzos y a lo que yo podía hacer, por lo que me era imposible descansar en Él. No terminaba de entender que el perdón y la salvación que Él otorga no son condicionales o temporales, sino por gracia y para siempre.

Pongamos atención por un momento al pueblo de Israel. Cuando leemos el Antiguo Testamento, vemos cómo Dios hace un pacto con Abraham y sus generaciones. A pesar de ser un pueblo escogido por Dios que experimentaba Su poder de maneras increíbles, con regularidad tropezaban, se iban al camino incorrecto y vivían en total necedad. Sus desvíos y malas acciones tenían consecuencias, pero también podemos ver cómo Dios permanecía fiel a Su carácter y Palabra a pesar de la insuficiencia humana.

Debemos aprender de la historia del pueblo de Israel para que no erremos como ellos, sino que vivamos como pueblo sellado mediante el sacrificio más que suficiente de Jesús. Con esa seguridad podemos vivir el presente, enfrentar el futuro y hasta la misma muerte. Ya no tememos a lo que pasará el día que muramos y estemos frente a frente al Dios todopoderoso, porque tenemos a Cristo como nuestro abogado defensor que ha pagado nuestra deuda. A diferencia del incrédulo, para el creyente el día de juicio debe traer descanso, porque no seremos justificados por nuestras obras (que serían insuficientes) sino por el sacrificio de Cristo que es absolutamente suficiente para nuestra salvación.

Gracias a Jesús, descansamos de una vez y para siempre de nuestra vergüenza, de nuestros intentos infructuosos e insuficiencias. No me refiero a que ya no seamos responsables de nuestras acciones o que podamos vivir deliberadamente en nuestro pecado ya que Cristo pagó por nuestra deuda, sino que vivimos por la obra de Cristo y no de nuestras obras. Esa realidad nos ayuda a vivir en obediencia y lejos del caos que una vida sin Cristo produce naturalmente. Pablo lo explica de la siguiente manera:

> Porque los que siguen los pasos de la carne fijan su atención en lo que es de la carne, pero los que son del Espíritu, la fijan en lo que es del Espíritu. Porque el ocuparse de la carne es muerte, pero el ocuparse del Espíritu es vida y paz. Las intenciones de la carne llevan a la enemistad contra Dios; porque no se sujetan a la ley de Dios, ni tampoco pueden; además, los que viven según la carne no pueden agradar a Dios.
>
> Pero ustedes no viven según las intenciones de la carne, sino según el Espíritu, si es que el Espíritu de Dios habita en ustedes. Y si alguno no tiene el Espíritu de Cristo, no es de él. Pero si Cristo está en ustedes, el cuerpo está en verdad muerto a causa del pecado, pero el espíritu vive a

> causa de la justicia. Y si el Espíritu de aquel que levantó de los muertos a Jesús vive en ustedes, el que levantó de los muertos a Jesús también dará vida a sus cuerpos mortales por medio de su Espíritu que vive en ustedes (Rom. 8:5-11).

Estar en Cristo es vivir una vida a la luz del Espíritu y no bajo la oscuridad de la carne. Hemos sido reconciliados con Dios y por eso podemos vivir una vida distinta mediante Su Espíritu Santo que mora en nosotros. Esto nos debe llevar a vivir de una manera diferente a la del mundo. Eso significa, por ejemplo, que no debemos normalizar ciertos pecados con los que lidiamos solo porque todos pasan por las mismas situaciones. Los cristianos ahora tenemos al Espíritu de Dios viviendo en nosotros y es quien nos guía, fortalece y trae convicción. ¡Es una gran bendición y privilegio!

MI SEGURIDAD

La salvación no es solo el rescate del infierno eterno, sino que también nos acompaña todos los días de nuestras vidas en este mundo y nos trae seguridad aun en los momentos más complicados. La salvación cambia toda nuestra historia por completo.

Afirmar nuestra relación con Dios «en Cristo» hace una gran diferencia en nuestras vidas. Tener la seguridad de que somos hijos de Dios nos ayuda a contrarrestar todas esas mentiras que pueden llegar y nos pueden hacer dudar de nuestra salvación. Una vida caótica y sin paz se caracteriza por el miedo al abandono, el temor a que la gente nos falle, a la soledad y tantas emociones negativas que nos hacen volver a los viejos patrones de seguridad falsa donde somos nuestra propia fuente de paz y gozo.

Para darte un breve ejemplo, te contaré lo que pasó hace unos meses mientras estaba en un viaje de trabajo. Me tocó ir a una conferencia para mujeres junto con otras autoras y conferencistas. La verdad es que no me gusta viajar sola por dos razones. La primera es que he tenido terribles experiencias con acosadores y por eso temo que alguien así se pueda aparecer en algún lugar. La segunda tiene que ver con mis luchas con la ansiedad. Estar rodeada de personas que no conozco y sentirme totalmente fuera del control de mi itinerario, lugar y actividades me hace luchar con la ansiedad. A eso se suman los nervios normales de las presentaciones en esos eventos. Por estas razones, siempre procuro llevar un acompañante. Antes de casarme, casi siempre me acompañaba mi mamá o una amiga, pero mi esposo fue quien me acompañó en esa ocasión. Aunque estuvo conmigo durante el viaje, el día del evento le dije que estaba bien que se quedara en el hotel, ya que era un evento solo para mujeres y no quería que se sintiera incómodo.

Aunque no me considero una mujer de carácter débil, definitivamente mi carácter no es fuerte ni imponente. Cuando estoy con gente que no conozco, me cohíbo un poco y soy tímida. Por varias razones que no vienen al caso, durante el evento me empecé a sentir bastante ansiosa y algo perdida. No sabía adónde tenía que ir, ni a quién preguntarle. Me sentía sola y totalmente fuera de lugar. Lo único que quería era que mi esposo estuviera conmigo para no sentirme así. Veía mis piernas agitarse mientras le enviaba mensajes de texto a mi esposo y buscaba algo para jugar con mis manos para sacar ese estrés, ansiedad e incomodidad que no me dejaban tranquila.

En medio de todos esos temores, me entró la convicción de que no estaba sola; Jesús estaba ahí conmigo. Aunque no lo podía ver, Él estaba conmigo. Recordé que no hay lugar alguno en esta tierra en el cual Él deje de estar presente con Su hija. Pensarlo me llevó a las lágrimas porque me di cuenta de cuántas veces me pierdo tanto en mis emociones y circunstancias que se me olvida que Dios nunca me suelta. Que realmente tenerlo a Él es tenerlo todo y ser Su hija cambia la forma en que enfrento toda mi vida.

HIJOS DE DIOS… PERO ¿QUIÉN ES DIOS?

Esa historia es solo un ejemplo de lo que nos pasa con regularidad. Hay tantas verdades que tenemos memorizadas o que pueden servir de respuesta correcta a alguna pregunta que alguien nos pueda hacer dentro de la iglesia, pero muchas de esas verdades bíblicas no han llegado realmente a transformarnos y volverse una realidad práctica en nuestra vida diaria. De lo que me he dado cuenta a lo largo de mi lucha contra la ansiedad es cuántas veces volteo a verme a mí misma, qué tanto confío en mis capacidades y cuánto dejo de mirar a mi Señor en busca de ayuda.

No logramos vivir totalmente en nuestra salvación e identidad como hijos de Dios porque tenemos una idea muy vaga de quién es el Dios en el cual decimos creer. Hemos escuchado historias, oímos mucho sobre Él, pero no tenemos realmente una relación íntima y transformadora con Él. Muchos consideran a Dios como la idea que yo tenía. Un genio de la lámpara que estaba listo para conceder mis sueños y anhelos, pero no para transformarlos.

Solemos crear nuestra propia idea de Dios porque no la sometemos a la revelación que el Señor ha dado de sí mismo en Su propia Palabra. Allí se encuentra la clave para poder dejar el caos y vivir en paz. Se trata de conocer bien a Dios a través de las Escrituras y así producir la convicción de quién es el Dios en quien decimos creer. Este proceso lo observo en la vida de Jacob. Dios era para él solo el Dios de su padre Isaac y de su abuelo Abraham, al punto de que hacía referencia a Dios como «el Dios de mi padre». Sin embargo, llegó el momento cuando ya no solo era el Dios de otros, sino también su Dios. Eso no sucedió en un instante, sino como el resultado de ir conociendo a Dios y ser transformado por Él.

Hay un ejemplo que entrego con regularidad porque creo que muestra lo que significa conocer a alguien hasta el punto de que no se te pasan ni los más mínimos detalles. Estaba con mi mamá en una tienda viendo ropa. Ella me dijo que tenía que ir al baño y que la esperara en la misma sección de ropa donde ya estaba. Muchas personas pasaron cerca de mí en ese tiempo, pero de pronto escuché ciertas pisadas que reconocí de inmediato, porque sabía que eran las de mi mamá. Volteé y, en efecto, era ella la que iba llegando. Le conté cómo sabía que era ella solo por el sonido de sus pisadas. Me fue fácil identificar los pasos de mi mamá porque tengo una relación estrecha con ella, pasamos tanto tiempo juntas que puedo identificar fácilmente sus gestos, olores, tonos de voz, actitudes y ella también me conoce muy bien. Este conocimiento profundo también produce confianza mutua porque conocemos el carácter de cada una.

Tampoco podremos depositar nuestra confianza en un Dios que conocemos vagamente. La manera establecida por Dios para conocerlo bien es a través de la lectura de Su Palabra. Así Él se revela a nosotros. Créeme que conocer bien al Dios revelado en las Escrituras cambia la manera en que vivimos, porque nuestra fe no se basa en emociones sino en convicciones. En Él se encuentran las respuestas para las incógnitas más grandes de nuestras vidas.

En los siguientes capítulos, veremos cómo se observa una vida completamente confiada y dependiente de Dios y cómo lograr experimentar esa paz que tanto anhela nuestra alma. Todo lo que hemos venido viendo en estos capítulos son eslabones que cobrarán más sentido al poner nuestra mirada y enfoque en el lugar correcto.

CAPÍTULO 8

CONFIANDO EN ÉL

Nuestra falta de fe es un reflejo directo de nuestra falta de confianza en Dios. Es fácil cantar y, siguiendo la letra, afirmar que confiamos en Dios o que Él es digno de nuestra confianza, pero no confiamos cuando dudamos de nuestra salvación, cuando dudamos de si realmente escucha nuestras oraciones o si le importan nuestras circunstancias. La forma en que vivimos suele demostrar que nuestra confianza está en cualquier lugar menos en el correcto.

Nos cuesta soltar el control y lograr descansar en el Señor en medio de la tormenta porque pensamos que si no tenemos el control, entonces todo se volverá un caos, en lugar de ir al Señor y tener la seguridad de que podemos confiar en Él en cada circunstancia de nuestras vidas. Pero, como ya he dicho en varias ocasiones, nos cuesta confiar en Dios porque realmente no lo conocemos. Y no lo conocemos porque vivimos distraídos por las falsas promesas del mundo y quitamos la mirada del evangelio y de lo que Dios ha revelado de sí mismo en las Escrituras. Aún peor, solemos crear nuestra propia versión de lo que creemos que Dios es o no es en base a nuestras opiniones y entendimiento. Seguir ese camino siempre nos llevará en la dirección equivocada y nos privará de conocer realmente a Dios por quien dice ser en la Biblia.

Un salmo en el cual medito con regularidad es el Salmo 23. En mi libro *Nuestro Edén,* lo usé de fundamento, y continúa siendo un referente en mi vida, como mencioné en el capítulo 4. Lo cierto es que sigue siendo material de mucha meditación para mí hasta hoy:

El Señor es mi pastor; nada me falta.
En campos de verdes pastos me hace descansar;
Me lleva a arroyos de aguas tranquilas.
Me infunde nuevas fuerzas
Y me guía por el camino correcto,
Para hacer honor a su nombre.
Aunque deba yo pasar por el valle más sombrío,
No temo sufrir daño alguno, porque tú estás conmigo;
Con tu vara de pastor me infundes nuevo aliento.
Me preparas un banquete
A la vista de mis adversarios;
Derramas perfume sobre mi cabeza
Y me colmas de bendiciones.
Sé que tu bondad y tu misericordia
Me acompañarán todos los días de mi vida,
Y que en tu casa, oh Señor, viviré por largos días»

Me encanta este salmo porque refleja una confianza plena en Dios. David presenta una confianza que contemplo y busco con regularidad para mi propia vida. Desde el comienzo podemos notar cómo tiene la seguridad de que Dios va delante de él y lo sostendrá aun cuando pase por dificultades y momentos oscuros. Afirma no tener miedo porque sabe quién lo sostiene y va delante de él. ¿No se trata de una fe impresionante? Qué hermoso es poder decir que uno no tiene miedo a lo que está por venir porque sabemos que Dios está ahí con nosotros. ¡Qué grandiosa confianza demuestra tener en su Dios!

Sé que tu bondad y tu misericordia me acompañarán todos los días de mi vida... ¡qué increíble! Nuevamente, son palabras que demuestran tal certeza porque conoce al Dios en quien dice creer. Pienso mucho en esa frase cuando paso por momentos difíciles y me imagino que son dos personas —una llamada Bondad y otra

Misericordia—, que me acompañan a todas partes. Tu vida sería diferente si vivieras con tal confianza en Dios, siempre contando con la misericordia y la bondad divinas.

DIGNO DE NUESTRA CONFIANZA

Quiero que tomes unos minutos y pienses en quiénes confías. Pueden ser familiares o amigos en quienes sabes que puedes confiar. ¿Pensaste ya en algunos? Ahora piensa en las razones por las que se han ganado tu confianza. Quizás porque conoces el carácter de esas personas, porque has pasado por situaciones y han demostrado que son dignos de tu confianza o simplemente no hay razones para perder esa confianza.

Ahora, ¿por qué nos cuesta confiar en Dios? ¿Acaso no es digno de toda nuestra confianza? Si me dices que sí lo es, entonces el problema está en que no dedicamos el tiempo para conocerlo con mayor profundidad y llegar a tener esa relación que nos lleve a una fe como la de David, quien afirmaba que estaba seguro en las manos de su Creador y Salvador. Hay otro pasaje que también me acompañó por muchos años en mis luchas contra la ansiedad:

Estad quietos, y conoced que yo soy Dios;
Seré exaltado entre las naciones; enaltecido seré en la tierra.
Jehová de los ejércitos está con nosotros;
Nuestro refugio es el Dios de Jacob
(Sal. 46:10-11, RVR1960).

El llamado a estar quietos o simplemente detenernos no es un llamado pasivo sino activo, porque es el resultado directo de conocer al Señor y tener la confianza de que es Dios. Él es digno de nuestra confianza y podemos proclamar que es nuestro refugio. Vuelvo a enfatizar: esta confianza es resultado directo de conocer a Dios, pero ¿cómo logramos específicamente confiar en Él? Poniendo nuestros ojos en la cruz.

Quizás tu desconfianza en Dios radica en que no te ha contestado ciertas oraciones como esperabas o porque has tenido que pasar por dificultades y te has sentido, en cierta manera, abandonado por el Señor. Eso puede evidenciar que nos miramos solo a nosotros mismos en lugar de mirar a Dios en toda Su grandeza.

Hace unos años, estaba pasando por una situación muy dolorosa. Me sentía perdida, con el corazón roto, con mi futuro totalmente incierto… estaba por el suelo. Durante ese tiempo, una amiga me invitó a una conferencia para mujeres. Acepté porque realmente lo que quería era escapar. Durante la alabanza, tocaron una canción de Josh Baldwin que se llama *Evidence* [Evidencia], que impactó profundamente mi vida, no solo en ese momento sino hasta el día de hoy. Dice lo siguiente en el coro:

Veo la evidencia de tu bondad
Alrededor de mi vida, alrededor de mi vida
Veo tus promesas cumplirse
Alrededor de mi vida, alrededor de mi vida
Mira la cruz, la tumba vacía
La evidencia es infinita
Todos mis pecados desaparecieron
Por ti, oh, Jesús.[1]

Cuando escuché las palabras «Mira la cruz, la tumba vacía, la evidencia es infinita», no pude evitar llorar y sentir un gran descanso en Dios. Recordé que esa es la evidencia más grande para confiar en Dios y reconocer que Él está conmigo. Mediante Su sacrificio en la cruz y obra redentora, me ha comprobado que puedo confiar en Él, en Sus palabras y Sus promesas. Esa melodía la atesoro en mi corazón porque habla de la evidencia más grande y suficiente que necesito diariamente para recordar

1. *Evidence* © Bethel Music Publishing, Capitol CMG Publishing, Sony/ATV Music Publishing LLC, Universal Music Publishing Group.

que mi historia ha cambiado para siempre, que tengo un Padre en los cielos que me ama, me ha adoptado en Su familia y que me ha rescatado para vivir con Él por la eternidad.

La mayor evidencia que necesitamos para poder confiar en Dios es la cruz. ¡Su evangelio es transformador! Pero cuando dejamos ese enorme regalo de lado, podríamos dudar de Dios como si nunca hubiese hecho nada por nosotros o como si nos hubiera decepcionado y por eso no confiamos en Él.

A PESAR DE MÍ

La confianza que logremos tener en Él está directamente relacionada con Su carácter. Volvamos por un momento a la historia de Pedro cuando camina sobre el agua:

> Enseguida, Jesús hizo que sus discípulos entraran en la barca y que se adelantaran a la otra orilla, mientras él despedía a la multitud. Luego de despedir a la gente, subió al monte a orar aparte. Cuando llegó la noche, Jesús estaba allí solo. La barca ya estaba a la mitad del lago, azotada por las olas, porque tenían el viento en contra. Pero ya cerca del amanecer Jesús fue hacia ellos caminando sobre las aguas. Cuando los discípulos lo vieron caminar sobre las aguas, se asustaron y, llenos de miedo, gritaron: «¡Un fantasma!». Pero enseguida Jesús les dijo: «¡Ánimo! ¡Soy yo! ¡No tengan miedo!».
>
> Pedro le dijo: «Señor, si eres tú, manda que yo vaya hacia ti sobre las aguas». Y él le dijo: «Ven». Entonces Pedro salió de la barca y comenzó a caminar sobre las aguas en dirección a Jesús. Pero al sentir la fuerza del viento, tuvo miedo y comenzó a hundirse. Entonces gritó: «¡Señor, sálvame!». Al momento, Jesús extendió la mano y, mientras lo sostenía, le dijo: «¡Hombre de poca fe! ¿Por qué

> dudaste?». Cuando ellos subieron a la barca, el viento se calmó. Entonces los que estaban en la barca se acercaron y lo adoraron, diciendo: «Verdaderamente, tú eres Hijo de Dios» (Mat. 14:22-33).

Por un momento, podemos ver la fe y la confianza que Pedro tenía en Jesús al creer que si lo llamaba a caminar sobre las aguas, así sucedería. Sin embargo, esa confianza no duró mucho porque tuvo miedo del viento fuerte y comenzó a hundirse. Su confianza pasó de estar en Jesús a sus circunstancias, es decir, la intensidad del viento. Eso generó de inmediato desconfianza, y comenzó a hundirse. Es importante notar que Pedro no se empezó a hundir porque Jesús lo haya soltado o dejado de sostener, sino solo porque Pedro quitó su mirada y confianza de Él. Pero nuestro hermoso y poderoso Jesús, en medio de la desconfianza de Pedro, no respondió a la luz de su incredulidad, sino a la luz de Su carácter y amor por Pedro. El Señor extendió Su mano, lo sostuvo, lo animó y subieron a salvo a la barca.

Solemos hundirnos porque no confiamos plenamente en Dios. Les damos siempre más importancia a lo que vemos y a las situaciones de nuestro alrededor. Sin embargo, Dios sigue sosteniéndonos a pesar de nosotros mismos y de nuestras desconfianzas e insuficiencias. ¡Eso nos debe traer descanso y confianza! Entender que Dios se mantiene fiel a Su carácter y promesas es un gran alivio porque nosotros tendemos a cambiar de ánimo y nuestro mundo jamás se queda estático. Si hay alguien en quien podemos confiar es en un Dios que siempre será quien dice ser; lo ha demostrado desde el inicio de los tiempos y lo continuará mostrando por el resto de la eternidad.

Veamos a los discípulos en el día de la crucifixión, cuando cada uno de ellos luchó de maneras distintas con su propia incredulidad y miedo. Aunque quitaron la mirada de Jesús, Él no los perdió de vista. Los sostuvo en esos días de incertidumbre y después de la resurrección y ascensión vivieron en confianza y valentía por Cristo. Podemos confiar en Dios porque, a pesar de nosotros, Él siempre se mantendrá fiel.

VIVIR DESDE LA CONFIANZA

Buscar vivir alejados del caos, en paz y verdadero descanso no es simplemente sacudirnos el estrés y la ansiedad, sino poder vivir acuerdo con la voluntad de Dios. Les conté cómo por mucho tiempo viví priorizando mis planes y objetivos sin consultarle a Dios por Su voluntad, sino buscando que aprobara y bendijera mis propios objetivos. Lo cierto es que los hijos de Dios ya no debemos andar buscando las mismas cosas que el mundo busca, pero este cambio no se dará mientras continuemos fijando nuestra mirada en los lugares incorrectos.

Vivir en plena confianza en Dios, buscando conocerlo bien en la revelación que nos ha dejado en las Escrituras, nos llevará a poder vivir el propósito que ha establecido para nuestras vidas, porque en lugar de preocuparnos por saciar nuestros vacíos o encontrar felicidad en nuestros términos, tendremos plena confianza de que Dios nos guiará y cuidará dondequiera que nos ponga y nos llame. Como dice el autor de Hebreos:

> Vivan sin ambicionar el dinero. Más bien, confórmense con lo que ahora tienen, porque Dios ha dicho: «No te desampararé, ni te abandonaré». Así que podemos decir con toda confianza: «El Señor es quien me ayuda; No temeré lo que pueda hacerme el hombre» (Heb. 13:5-6).

El llamado que se nos hace es el resultado directo de una confianza plena en Dios, y en tal confianza se puede afirmar que el Señor mismo es quien nos ayuda, y lo podemos decir con toda certeza. Cuando sabemos en quién confiamos, podemos correr con toda seguridad hacia donde Él nos llame. Pero si no tenemos nuestra confianza fija en Él, entonces actuaremos y viviremos desde el miedo, desde nuestras propias ideas y desde la ansiedad de una vida caótica. Si queremos saber si realmente confiamos en Dios, no tenemos más que voltear a ver cómo estamos viviendo, porque una confianza en Dios tendrá un fuerte impacto en el carácter personal.

Pude ver una historia del Antiguo Testamento que había leído infinidad de veces desde otra perspectiva, al punto de que fui confrontada por su mensaje. Esa historia refleja exactamente lo que significa confiar en Dios y vivir en obediencia. En Éxodo se nos narran algunos acontecimientos que sucedieron después de que el pueblo de Israel fuera liberado de Egipto por la mano poderosa de Dios:

> Después, toda la comunidad de Israel partió de Elim y viajó al desierto de Sin, ubicado entre Elim y el monte Sinaí. Llegaron el día quince del segundo mes, un mes después de salir de la tierra de Egipto. Allí también toda la comunidad de Israel se quejó de Moisés y Aarón.
>
> «¡Si tan solo el Señor nos hubiera matado en Egipto!—protestaban—. Allá nos sentábamos junto a las ollas llenas de carne y comíamos todo el pan que se nos antojaba; pero ahora tú nos has traído a este desierto para matarnos de hambre». (Ex. 16:1-3, NTV)

El pueblo de Israel había experimentado la mano poderosa de Dios al sacarlos de Egipto de una manera milagrosa. Habían estado oprimidos por muchos años y por fin había llegado el día en que Dios usó a Moisés para liberar al pueblo y llevarlo a la tierra prometida. Sin embargo, el pueblo olvidó rápidamente la fidelidad y el poder de Dios. En lugar de confiar en que los sostendría como lo había hecho hasta ese momento, empezaron a anhelar sus días de esclavitud porque desconfiaban de la provisión divina. En vez de confiar en Dios, quien los había sacado de un lugar para llevarlos a otro, y que seguiría siendo fiel a Su Palabra de llevarlos a salvo hasta su destino, dejaron que su mirada limitada pusiera en duda lo que Dios tenía planeado.

> Entonces el Señor le dijo a Moisés: «Mira, haré llover alimento del cielo para ustedes. Cada día la gente podrá salir a recoger todo el alimento necesario para ese día. Con esto los pondré a prueba para ver si siguen o no mis instrucciones. El sexto día juntarán el alimento y cuando preparen la comida habrá el doble de lo normal» (Ex. 16:4-5, NTV).

La respuesta del Señor era buscar que el pueblo confiara en Él. Aunque iba a proveerles el alimento anhelado, no vendría de una manera que los independizara de Él, sino que diariamente tendrían que confiar en que Dios cumpliera Su promesa de provisión. También tendrían que confiar que el sexto día recibirían doble porción para poder descansar el séptimo. Se trataba de una prueba de confianza extrema, porque su supervivencia no podría asegurarse con sus obras o esfuerzo, sino que tendrían que descansar en la provisión diaria de Dios para continuar su largo viaje.

> Luego el Señor le dijo a Moisés: «He oído las quejas de los israelitas. Ahora diles: "Por la tarde tendrán carne para comer, y por la mañana tendrán todo el pan que deseen. Así ustedes sabrán que yo soy el Señor su Dios"».
>
> Esa tarde, llegó una cantidad enorme de codornices que cubrieron el campamento, y a la mañana siguiente los alrededores del campamento estaban húmedos de rocío. Cuando el rocío se evaporó, la superficie del desierto quedó cubierta por copos de una sustancia hojaldrada y fina como escarcha. Los israelitas quedaron perplejos al ver eso y se preguntaban unos a otros: «¿Qué es esto?», porque no tenían idea de lo que era.

> Entonces Moisés les dijo: «Este es el pan que el Señor les da para comer. Estas son las instrucciones del Señor: cada grupo familiar juntará todo lo que necesite. Recojan dos litros por cada persona en su carpa».
>
> Así que los israelitas hicieron lo que se les dijo. Algunos recogieron mucho; otros, solo un poco. Pero cuando lo midieron, cada uno tenía lo justo y necesario. A los que recogieron mucho, nada les sobraba, y a los que recogieron solo un poco, nada les faltaba. Cada familia tuvo justo lo que necesitaba.
>
> Entonces Moisés les dijo: «No guarden nada para el día siguiente». Sin embargo, algunos no hicieron caso y guardaron un poco hasta la mañana siguiente; pero para entonces se había llenado de gusanos y apestaba, y Moisés se enojó mucho con ellos (Ex. 16:11-20, NTV).

Dios fue fiel, proveedor y también le dejó instrucciones a Su pueblo de cómo debía vivir. El Señor enfatizó Su deseo de que ellos tuvieran la convicción de que Él era su Dios y era digno de su confianza y devoción. Esas instrucciones descansaban totalmente en la confianza de que Dios cumpliría Su parte y ellos debían enfocarse en la obediencia y la adoración. Algunos todavía querían tener el control sobre sus vidas fuera de la obediencia y por eso quisieron tomar más maná del necesario, pero esos intentos fueron infructuosos, ya que esa porción extra se echaba a perder. También es notable cómo el Señor estaba proveyendo y teniendo cuidado de cada familia sin descuidar a nadie. Dios se estaba revelando a ellos como su Proveedor.

Después de este incidente, cada familia recogía el alimento cada mañana, conforme a su necesidad. Cuando el sol calentaba, los copos que no se habían recogido se derretían y desaparecían. El sexto día recogían

> el doble de lo habitual, es decir, cuatro litros por persona en lugar de dos. Entonces todos los líderes de la comunidad se dirigieron a Moisés en busca de una explicación. Él les dijo: «Esto es lo que el Señor ha ordenado: «Mañana será un día de descanso absoluto, un día sagrado de descanso, reservado para el Señor. Así que horneen o hiervan hoy todo lo que necesiten y guarden para mañana lo que les sobre».
>
> Entonces ellos dejaron un poco aparte para el día siguiente, tal como Moisés había ordenado. Al otro día la comida sobrante estaba buena y saludable, sin gusanos ni mal olor. Así que Moisés dijo: «Coman este alimento hoy, porque es el día de descanso, dedicado al Señor. Hoy no habrá alimento en el campo para recoger. Durante seis días se les permite recoger alimento, pero el séptimo día es el día de descanso; ese día no habrá alimento en el campo» (Ex. 16:21-26, NTV).

Dios estableció un día de descanso para la humanidad desde la creación misma. Era un día que Él bendijo y que con el tiempo estableció para que descansara y lo guardara Su pueblo. Aunque ese descanso está apuntando a un descanso aún mayor del cual más adelante hablaremos, lo cierto es que ese descanso nacía de la confianza y la dependencia en Dios. Aunque el ser humano era llamado a reposar, Dios no dejaba de sostener y cuidar a Su pueblo. Ellos salían cada día por su porción diaria, pero el sexto día eran llamados a recoger extra, confiando en que no se les dañaría la comida y que sería suficiente para cubrir sus necesidades del séptimo día.

Esta parte de la historia me confronta mucho porque es un llamado aún mayor de confianza en Dios que me hace reconocer que, aunque deje de trabajar, Él sigue en el trono y con todo bajo Su control. Evitamos detenernos por miedo a que el descanso haga que todo se salga de control. Sin embargo, los llamados de descanso que encontramos en la Biblia permiten descubrir que aun cuando el hombre se detiene, Dios sigue haciendo el mundo girar y todo sigue bajo Su perfecto control.

> «Aún así, algunas personas salieron a recoger el día séptimo, pero no encontraron alimento. Entonces el Señor le preguntó a Moisés: «¿Hasta cuándo este pueblo se negará a obedecer mis mandatos y mis instrucciones? Tienen que entender que el día de descanso es un regalo del Señor para ustedes. Por eso él les provee doble cantidad de alimento el sexto día, a fin de que tengan suficiente para dos días. El día de descanso, todos deben quedarse en el lugar donde estén; no salgan a buscar pan el séptimo día». Así que la gente no recogió alimento el día séptimo (Ex 16:27-30, NTV).

Algunas historias del Antiguo Testamento me producen un sentido de frustración por la actitud y las acciones del pueblo de Israel. Me asombra su poca confianza en Dios a pesar de haber experimentado Su poder de maneras que jamás hemos experimentado. Su incredulidad era palpable en la manera en que vivían y respondían al mandato de Dios. Aunque es fácil señalar con el dedo y ver lo malo de sus acciones, me temo que nosotros actuamos exactamente de la misma manera, aun a pesar de tener la convicción de que Jesús murió por nosotros, que somos adoptados en Su familia y que nos podemos acercar a Su presencia con seguridad. Esa confianza nos debería llevar a vivir en una obediencia total. En esta última parte de la historia, podemos ver cómo esa falta de confianza los llevaba a actuar en incredulidad sin encontrar descanso. De la misma manera, así actuamos nosotros cuando no confiamos en lo que ha dicho Dios.

¿VIVIR PARA QUÉ?

Nos gozamos al sentir el alivio de que ya no iremos al infierno, sentir que podemos llevar nuestros anhelos a Dios y recibirlos o incluso leer este libro porque anhelamos recibir paz. Sin embargo, perdemos de vista lo verdaderamente importante y el punto de haber recibido una vida nueva en Cristo. Ser salvos hace que se rompan las cadenas de esclavitud que nos tenían cautivos en una vida totalmente pecaminosa. Ahora en Cristo tenemos la oportunidad de gozar de una vida nueva y libre para hacer buenas obras que glorifiquen y honren a Dios.

Vivir confiados en Dios es poder vivir en obediencia, sin importar cuán loco parezca o que vaya contracorriente. Nuestra seguridad es que Él nos sostendrá en cada momento. Basta recordar la historia del pueblo en el desierto para ver cómo Dios los liberó con poder y tenía un plan y propósito para ellos. Lo que Dios requería del pueblo era una confianza plena para que pudieran vivir en obediencia a Su llamado.

No experimentamos la paz de Dios en nuestras vidas porque no confiamos en lo que Él ha establecido. Por ejemplo, nos cuesta perdonar la ofensa porque nos preguntamos: «¿Quién pagará por mi dolor?». Nos cuesta vivir un día a la vez porque ¿quién puede asegurarme que todo saldrá bien mañana? Nos cuesta enfocarnos en lo que nos corresponde hacer como individuos porque, ¿quién se asegurará de que los demás hagan lo que les corresponde? ¡Nos cuesta obedecer porque nos cuesta confiar!

Caemos en la idea errónea de que vivir para nosotros y concentrados en nuestros deseos es lo mejor que podemos hacer para nuestro beneficio, en lugar de vivir en obediencia y confianza en nuestro Salvador. Los hijos de Dios tenemos una tarea muy importante que dejamos pasar con regularidad como si no tuviera relevancia a nuestras vidas. Jesús dijo:

> Por tanto, vayan y hagan discípulos en todas las naciones, y bautícenlos en el nombre del Padre, y del Hijo, y del Espíritu Santo.

> Enséñenles a cumplir todas las cosas que les he mandado. Y yo estaré con ustedes todos los días, hasta el fin del mundo... (Mat. 28:19-20).

Nos cuestionamos tantas veces nuestro propósito y llamado porque ignoramos lo que ya el Señor nos ha encargado con absoluta claridad. Eso me pasó por muchos años; no podía comprender la idea de vivir para Dios porque no entendía lo que iba a pasar con mis sueños y anhelos. Me aferraba a mis planes y propósitos pensando que cualquier cosa que pudiera construir sería mejor que lo que Dios tenía para mí. En realidad, era mi soberbia hablando y buscando ser mi propia autoridad.

Sin embargo, Jesús tenía este llamado tan hermoso para todo creyente. En primer lugar, al decir «por tanto», está hablando de un resultado, es decir, se basa en la autoridad dada a Jesús, por lo que Él había conseguido en la cruz. El mandato se sustenta en Su obra y autoridad. Por lo tanto, el propósito que les da a los creyentes proviene directamente de las obras de Jesús y no de las nuestras.

En segundo lugar, se trata de un llamado específico a *hacer* discípulos. ¡Ese es nuestro llamado! Es una actividad que se puede ejercer en cada temporada de la vida sin importar nuestra edad, procedencia o ubicación. Somos llamados a conocer a Cristo y darlo a conocer. Nuestra vida toma direcciones equivocadas cuando no lo entendemos ni lo ponemos en práctica. Nos hacemos mil preguntas como si no tuviéramos una respuesta clara y concisa. Por último, dice: «Y yo estaré con ustedes todos los días, hasta el fin del mundo». No nos da una tarea que estamos llamados a completar solos, sino que Él mismo nos acompaña y sustenta hasta el último de nuestros días.

Entender nuestro llamado y propósito establecido claramente por Dios en las Escrituras es esencial para dejar el caos en nuestras vidas y experimentar la paz de Dios en cada temporada que nos toque vivir. El propósito no está en alcanzar nuestros sueños y anhelos. Tampoco en vivir una vida extraordinaria en la que Dios nos usa de formas sobrenaturales. Pensar así solo nos puede llevar a una gran frustración. Entender lo que somos llamados a hacer en esta tierra nos da dirección y se convierte en un eje en nuestras vidas que nos permite vivir a la luz de la eternidad y no meramente a la luz de esta vida terrenal.

La confianza en Dios se refleja en una vida de obediencia que podría tomar un camino distinto al que pensábamos, pero en medio de todo descansaríamos en la realidad de que Él mismo nos ha enviado. Una vida de obediencia no es un antídoto contra el caos, pero cuando caminamos firmemente en lo que Dios ha establecido, entonces también afirmamos que Él es soberano por encima de todas las cosas, y que Su gobierno y autoridad impactan para bien nuestras historias.

Solemos cantar que anhelamos llegar al cielo y escuchar las palabras: «Bien, buen siervo y fiel» (Mat. 25:23), pero esas palabras serán el resultado de una vida en fidelidad a Dios y, en palabras de mi pastor Michael McCracken: «Ser fieles hasta el final significa conocer, confiar y entender que Dios es soberano». Nuevamente, confiar en Dios será el resultado de conocer quién es Él a la luz de Su verdad y no de nuestros pensamientos o expectativas.

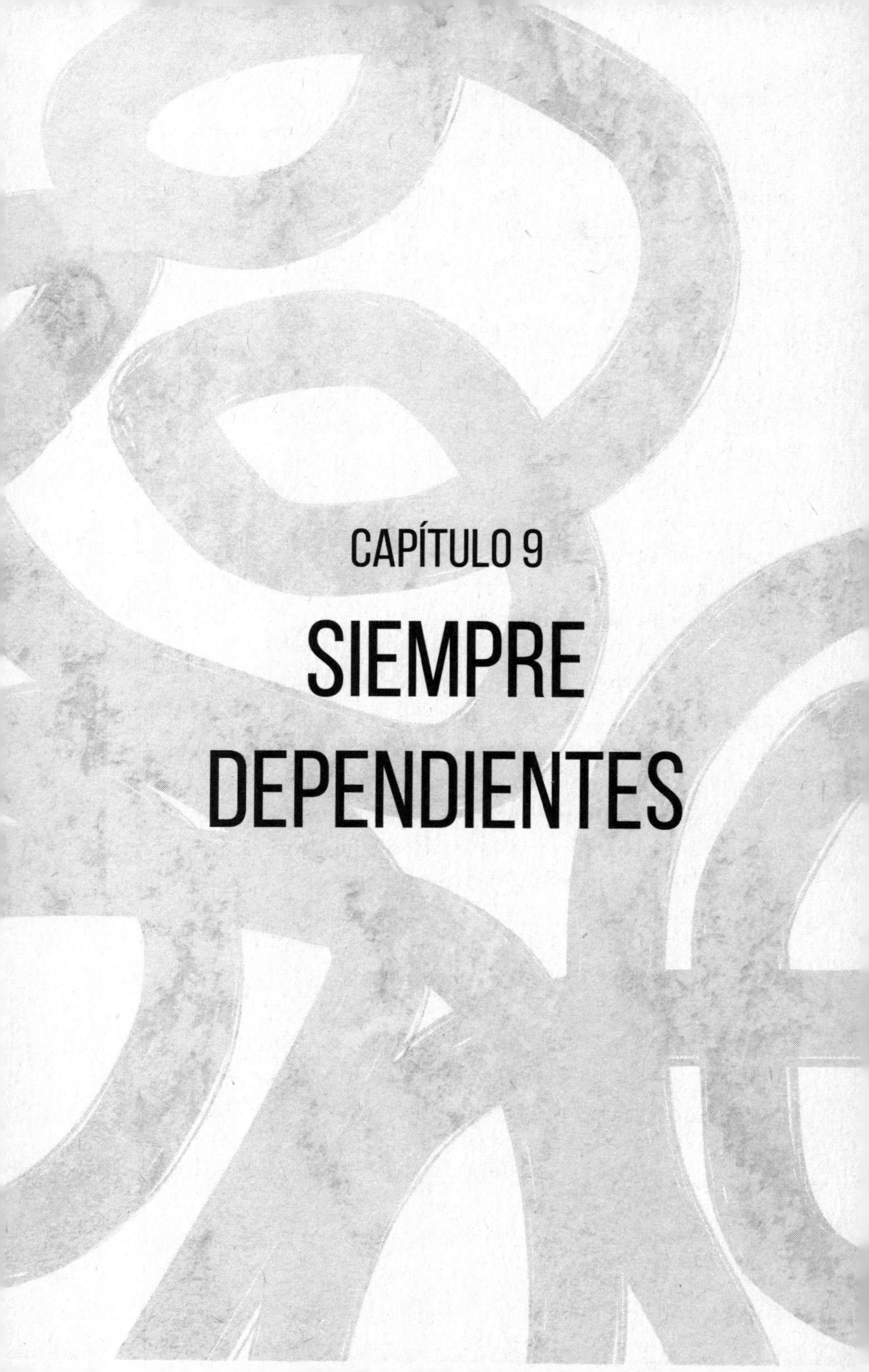

CAPÍTULO 9

SIEMPRE DEPENDIENTES

Cuando buscamos vivir en paz y abandonar el caos de nuestras vidas, debemos entender que no sucederá sin esfuerzo, y que requerirá intencionalidad durante todos los días de nuestras vidas. Hasta ahora, hemos descubierto que el pecado está detrás de nuestra falta de paz y nos afecta por no entender nuestra identidad en Cristo y la importancia de depositar nuestra confianza en Él. Pero todos estos conceptos no se pueden vivir independientemente de Dios, sino que lo necesitamos como nuestro sostén a cada instante.

Los seres humanos siempre estamos buscando ser independientes. Desde niños buscamos no depender tanto de nuestros padres: queremos quitarles las llantas de apoyo a la bicicleta, aprender a manejar lo más pronto posible y soñamos con independencia económica para vivir nuestras propias vidas. Se nos inculca que no dependamos de nadie más que de nosotros mismos y solemos llevar esa misma actitud a las cosas de Dios. Aunque la madurez es necesaria y debemos llegar a ser independientes de nuestros padres durante el ciclo de vida, eso no es cierto cuando se trata de Dios. No existe ningún nivel de madurez espiritual que nos haga llegar a ser independientes de nuestro Salvador.

Debo admitir que me tomó mucho tiempo comprenderlo, y me hubiera gustado saberlo antes. En mis miedos de que se me considere insuficiente, me preocupaba demasiado por poder ser la mejor cristiana posible por mí misma, poder mantenerme firme en mis fuerzas y hacer muchas cosas en el nombre de Dios, pero sin Su intervención. Todo eso me llevaba al mismo cansancio mental, emocional y espiritual de siempre. Al tratar de ser autosuficiente, me estancaba cada vez más porque no reconocía mi enorme necesidad de Dios, y mi insuficiencia brotaba como una plaga otra vez. Un gran ejemplo de esta realidad lo encontramos en la negación de Pedro:

> Allí Jesús les dijo: «Todos ustedes se escandalizarán de mí esta noche, porque está escrito: "Heriré al pastor, y las ovejas del rebaño serán dispersadas". Pero después de que yo haya resucitado, iré delante de ustedes a Galilea». Pedro le dijo: «Aunque todos se escandalicen de ti, yo nunca me escandalizaré». Jesús le dijo: «De cierto te digo que esta noche, antes que el gallo cante, me negarás tres veces». Pedro le dijo: «Aun cuando tenga yo que morir contigo, jamás te negaré». Y todos los discípulos dijeron lo mismo (Mat. 26:31-35).

Me llama la atención la actitud de Pedro, especialmente porque sabemos el desenlace de la historia. Él estaba demasiado seguro de poder permanecer firme en sus propias fuerzas. Pedro incluso se compara con otras personas y se encuentra victorioso y dispuesto a seguir a su maestro hasta la muerte. Aunque suenan como palabras muy fuertes y leales, estaban enraizadas en la capacidad de Pedro y no en que creyera que sería Dios quien lo capacitaría y ayudaría para resistir esa tremenda prueba.

> Mientras Pedro estaba sentado afuera, en el patio, se le acercó una criada y le dijo: «También tú estabas con Jesús el galileo». Pero él lo negó delante de todos, y dijo: «No sé de qué hablas». Y se fue a la puerta. Pero otra criada lo vio, y dijo a los que estaban allí: «También éste estaba con Jesús el nazareno». Pero él lo negó otra vez, y hasta juró: «No conozco a ese hombre». Un poco después, los que estaban por allí se acercaron a Pedro y le dijeron: «Sin lugar a dudas, tú también eres uno de ellos, porque hasta tu manera de hablar te delata». Entonces él comenzó a maldecir, y

> a jurar: «No conozco a ese hombre». Y enseguida cantó el gallo. Entonces Pedro se acordó de que Jesús le había dicho: «Antes de que cante el gallo, me negarás tres veces». Y saliendo de allí, lloró amargamente (Mat. 26:69-75).

Por más que Pedro creía que en sus fuerzas podría resistir la tentación y lograría vencer cualquier miedo por la causa de Cristo, lo cierto es que no era suficientemente fuerte. Enfrentó, como cualquier otro ser humano, momentos de mucha debilidad en los cuales le ganó el miedo más que su confianza en Jesús. Su reacción después de la tercera negación fue llorar amargamente al darse cuenta de que Jesús ya había predicho su negación a pesar de sus buenas intenciones. Pero Pedro aprendió de ese mal momento y vemos cómo creció y maduró en una genuina confianza y dependencia de Jesús.

TODO LO PUEDO EN CRISTO

La historia de Pedro nos debería llevar a contemplar nuestras propias vidas en los momentos en que dependemos completamente de nosotros mismos. Aunque somos responsables y la vida cristiana es proactiva, también es cierto que solo florece mediante Cristo. Tal como lo dice Santiago:

> Toda buena dádiva y todo don perfecto descienden de lo alto, del Padre de las luces, en quien no hay cambio ni sombra de variación (Sant. 1:17).

Absolutamente todo lo bueno viene directamente de Dios y por Dios. Nada eterno ni con fruto espiritual puede resultar de nuestra carne. Le creemos tanto en nuestras fuerzas que por eso somos capaces de proclamar que confiamos en Dios, pero nuestras vidas reflejan todo menos esa confianza. Buscamos confiar en nuestras fuerzas y capacidades en lugar de entender que confiar en Dios significa vivir dependiendo de Él.

Volviendo a la historia de Pedro, cuando intentó ser fuerte por sí mismo, terminó en lágrimas amargas luego de fallar. Pero después vemos cómo Pedro creció en tal confianza y dependencia de Dios que realmente llegó a morir por la causa de Cristo. La gran diferencia entre su negación y su muerte es que ahora todo lo hacía en Cristo y no en sus fuerzas. Para entender con más profundidad este concepto de dependencia, me gustaría que meditemos en las famosas palabras de Pablo: «¡Todo lo puedo en Cristo que me fortalece!» (Fil. 4:13).

Estas hermosas y poderosas palabras suelen sacarse de contexto y se les da un valor demasiado superficial que nos deja sujetos a nosotros mismos y nuestra insuficiencia. Este versículo es usado por deportistas, estudiantes que tienen un examen complicado y hasta por personas que quieren bajar de peso. Suele usarse de forma equivocada en el contexto de una persona con una meta que repite el versículo como si fuera una garantía para el éxito. Sin embargo, estas palabras nos deben llevar a contemplar lo que significa vivir en verdadera dependencia de Dios. Leamos lo que Pablo dice unos versículos antes:

> Grande ha sido mi gozo en el Señor de que al fin han reanudado ustedes su cuidado por mí. Claro, la disposición la tenían, pero les faltaba oportunidad. No lo digo porque tenga escasez, pues he aprendido a estar contento en cualquier situación. Sé vivir con limitaciones, y también sé tener abundancia; en todo y por todo estoy enseñado, tanto para estar satisfecho como para tener hambre, lo mismo para tener abundancia que para sufrir necesidad; ¡todo lo puedo en Cristo que me fortalece! (Fil. 4:10-13).

El contexto nos dice que Pablo entendía que su capacidad para enfrentar aun los momentos más complicados radicaba en vivir una vida para Cristo y dependiente de Él. Pablo se enfocaba en las cosas eternas y vivía bajo esa luz. Su vida no era nada fácil; tan solo recordemos que esta carta la escribió desde la cárcel.

Sin embargo, él vivía dependiente de Dios, y de Él provenía la capacidad para enfrentar la dificultad y lograr el contentamiento sin importar las circunstancias.

Vivir dependientes de Dios es reconocer que de Él proviene todo y que lo necesitamos para hacer absolutamente todas las cosas. No podemos seguir proclamando que confiamos en Dios pero seguir dependiendo solo de nuestra capacidad para enfrentar la vida y sus circunstancias. Por eso regresamos a los mismos ciclos de agotamiento emocional y espiritual. Como ejemplo basta contarte sobre una de las primeras veces que empecé a entender un poco más lo que significaba depender de Dios y cómo esto se veía en mi vida de manera práctica.

Llevo alrededor de nueve años trabajando desde casa y hasta terminé la universidad virtualmente. He tenido que aprender a ser muy disciplinada y ser muy juiciosa en el momento de organizar mi agenda. Ya sea por cansancio o por algún imprevisto, mis días eran interrumpidos o comenzaban un poco más tarde. Al ver que mi tiempo era interferido y mi lista de quehaceres seguía larga, lo primero que consideraba era dejar mi tiempo con Dios. La presión del tiempo y las responsabilidades hacía que orar y leer la Biblia fueran algo que me retrasaría aún más, por lo que dejaba para después mi tiempo con Dios o simplemente no lo tenía. Esa era una práctica equivocada que tuve por un largo tiempo.

Pero recuerdo bien el momento en que tuve la profunda convicción de que estaba viviendo de manera independiente de Dios, pensando que podía sola sin Él y por eso lo dejaba a un lado. A partir de ahí, comencé a ser mucho más intencional y, sin importar las circunstancias, lo primero que reconocía que necesitaba era a Dios, porque de Él vienen el descanso, la fortaleza, la sabiduría y toda buena dádiva. Ahora no puedo comprender cómo vivía de esa manera, ya que para mí se ha vuelto una necesidad ir a Dios primero al iniciar mi día, para escribir, para cumplir con mi rol de esposa, para lidiar con mis emociones y para pelear contra mi pecado. Entiendo con tanta convicción que no hay nada bueno que pueda hacer fuera de Él y que muestro una genuina confianza cuando vivo dependiente de Él en medio de las actividades y rutinas de mi vida diaria.

VIVIR EN COMUNIÓN

Mientras luchamos por vivir en genuina paz en medio del caos, es fácil justificar las razones por las cuales no podemos soltar el control, ser libres de la ansiedad o incluso vivir dependientes de Dios. Estamos acostumbrados a tener una infinidad de excusas para la ausencia de fruto en nuestras vidas, pero no manifestamos el más mínimo interés de hacer algo radical para obtener resultados diferentes. Podrías, por ejemplo, haber leído con atención y hasta haber tomado notas de los capítulos anteriores, tener memorizados pasajes claves, pero si no entiendes que necesitas depender de Dios siempre, terminarás en el mismo lugar infructuoso una y otra vez.

Los hijos de Dios no somos llamados a vivir nuestra mejor vida en esta tierra, sin embargo, esa es una de las principales mentiras que nos roba la paz y nos desvía del verdadero norte. Tememos soltar el control de nuestras vidas y que realmente Dios escriba de forma soberana nuestra historia. Nos da miedo vivir en obediencia porque eso significa vivir en contra de la corriente de este mundo. Tenemos tanto miedo de perder el control que por eso vivimos alejados de la realidad que deberíamos vivir como hijos de Dios.

Un ejemplo que me encanta es el de Jesús durante la noche de Su arresto. Jesús sabía que venía a esta tierra a morir, conocía Su misión y sabía exactamente cuándo sería arrestado y por quién sería entregado. Sin embargo, podemos ser testigos de

Su dependencia al Padre en medio de Su aflicción y luchas humanas:

> Entonces Jesús fue con ellos a un lugar que se llama Getsemaní, y dijo a sus discípulos: «Siéntense aquí, mientras yo voy a orar en aquel lugar». Jesús llevó consigo a Pedro y a los dos hijos de Zebedeo, y comenzó a ponerse triste y muy angustiado. Entonces les dijo: «Quédense aquí, y velen conmigo, porque siento en el alma una tristeza de muerte» (Mat. 26:36-38).

Su preocupación y emociones no lo llevaron a intentar realizar la obra por sí mismo, sino que corrió a Su fuente de fuerza y paz. Jesús mismo pasaba tiempos a solas con el Padre, ¡cuánto más necesitamos nosotros esos tiempos! Aunque Jesús entregaría Su vida en obediencia, se preparó delante del Padre, dejó Sus cargas y se sometió a la voluntad de Dios.

> Unos pasos más adelante, se inclinó sobre su rostro y comenzó a orar. Y decía: «Padre mío, si es posible, haz que pase de mí esta copa. Pero que no sea como yo quiero, sino como lo quieres tú» (Mat. 26:39).

Este es un claro ejemplo de lo que significa buscar la voluntad de Dios. Primero las palabras de Jesús están pidiendo algo o buscando algún tipo de alternativa. Sin embargo, hay un *pero* muy importante que lo llevó a la actitud correcta al no buscar que se haga lo que Él quería, sino lo que el Padre quiere.

Cuando anhelamos vivir en paz y alejarnos del caos, corremos a Dios buscando que tuerza Su voluntad en base a nuestras expectativas y lo que pensamos que es mejor para nosotros. Así queremos asegurarnos de que obtendremos los resultados que deseamos. Sin embargo, imagina qué bello sería poder decirle a Dios: «Aquí están mis sueños y anhelos, pero no se hagan las cosas como yo quiero sino conforme a tu voluntad», y que esas palabras nazcan de un corazón que se totalmente dependiente de Él y que confía que será Dios quien lo capacitará para afrontar todo aquello que Él demande.

> Luego volvió con sus discípulos, y como los encontró durmiendo, le dijo a Pedro: «¿Así que no han podido mantenerse despiertos conmigo ni una hora? Manténganse despiertos, y oren, para que no caigan en tentación. A decir verdad, el espíritu está dispuesto, pero la carne es débil» (Mat. 26:40-41).

Las palabras de Jesús nos permiten entender otra parte de la oración que a veces no contemplamos: la oración nos permite mantenernos firmes ante la tentación. Gran parte de nuestra búsqueda de paz que resulta del caos circundante se debe a que nuestro enfoque es desviado por todas las tentaciones de este mundo y nuestra carne. En lugar de ir a Dios buscando Su voluntad y ayuda, nos dejamos abrumar por lo que vemos, pensamos y sentimos. Así dejamos a Dios de lado por completo y buscamos hacer todo en nuestras fuerzas. Por eso es importante entender que vivir dependientes de Dios requiere reconocer Su grandeza y Su poder, y aceptar nuestra limitación y necesidad absoluta de Él para poder vivir vidas agradables conforme a Su voluntad.

> Otra vez fue y oró por segunda vez, y dijo: «Padre mío, si esta copa no puede pasar de mí sin que yo la beba, que se haga tu voluntad». Una vez más fue y los halló durmiendo, porque los ojos se les caían de sueño. Entonces los dejó y volvió a irse, y por tercera vez oró con las mismas palabras. Luego volvió con sus discípulos y les dijo: «Sigan durmiendo y descansando. Miren que ha llegado la hora, y el Hijo del Hombre es entregado en manos de pecadores. ¡Vamos, levántense, que ya se acerca el que me traiciona!» (Mat. 26:36-46).

Jesús tenía una misión difícil, pero sabía quién lo sustentaba. Recordemos que Él estaba a la espera de ese arresto y traición, y aunque se haya atemorizado en Su lado humano, logró fijar la mirada en Su Padre. Lo que me encanta de contemplar este pasaje es que se nos da el ejemplo perfecto de cómo una verdadera comunión con Dios realmente transforma nuestra manera de enfrentar la dificultad, los miedos y la incertidumbre. Mientras más conocemos a Dios, más confiamos en Él y, en consecuencia, más podemos depender de Él para la guía, el cuidado y la fortaleza de nuestras vidas.

BASTA YA DE MÍ

Quizás sintamos que jamás podremos vivir como Jesús vivió. Sin embargo, sigue siendo ese estándar nuestro ejemplo supremo de vida y Sus palabras siguen siendo verdades que se aplican a nuestras vidas. Entre más aprendemos sobre la persona, la obra y las palabras de Jesús, más podemos ser confrontados para ser transformados a Su imagen.

Lo que nos impide vivir totalmente dependientes de Dios y seguir el ejemplo de Jesús es que, aunque lo podamos conocer bien, al final seguimos dependiendo de nosotros mismos y buscando la respuesta en nuestra capacidad. Quisiera compartirles una historia que da el ejemplo perfecto de lo que me refiero:

> Moisés cuidaba las ovejas de Jetro, su suegro, que era sacerdote de Madián, y un día llevó las ovejas a través del desierto y llegó hasta Horeb, el monte de Dios. Allí, el ángel del Señor se le apareció en medio de una zarza envuelta en fuego. Moisés miró, y vio que la zarza ardía en el fuego, pero no se consumía. Entonces dijo: «Voy a ir y ver esta grande visión, por qué es que la zarza no se quema».

El Señor vio que Moisés iba a ver la zarza, así que desde la zarza lo llamó y le dijo:

«¡Moisés, Moisés!».

Y él respondió:

«Aquí estoy».

El Señor le dijo:

«No te acerques. Quítate el calzado de tus pies, porque el lugar donde ahora estás es tierra santa».

Y también dijo:

«Yo soy el Dios de tu padre. Soy el Dios de Abrahán, el Dios de Isaac y el Dios de Jacob».

Entonces Moisés cubrió su rostro, porque tuvo miedo de mirar a Dios. Luego el Señor dijo:

«He visto muy bien la aflicción de mi pueblo que está en Egipto. He oído su clamor por causa de sus explotadores. He sabido de sus angustias, y he descendido para librarlos de manos de los egipcios y sacarlos de esa tierra, hacia una tierra buena y amplia, una tierra que fluye leche y miel, donde habitan los cananeos, los hititas, los amorreos, los ferezeos, los jivitas y los jebuseos. El clamor de los hijos de Israel ha llegado a mi presencia, y he visto además la opresión con que los egipcios los oprimen. Por lo tanto, ven ahora, que voy a enviarte al faraón para que saques de Egipto a mi pueblo, a los hijos de Israel» (Ex. 3:1-10).

Dios ha ido dirigiendo de forma soberana Su plan de redención para la humanidad. Han ido pasando diferentes líderes y momentos en la historia de la humanidad. Dios escogió soberanamente al pueblo de Israel para que fuera Su pueblo escogido mediante el cual llegaría el Mesías a esta tierra. Nuevamente, el pueblo había estado en esclavitud en Egipto, pero ahora era momento de liberarlo para continuar con el desarrollo de ese plan perfecto.

Dios se le apareció a Moisés y le dijo que lo enviaría para ser el líder que rescataría al pueblo de la esclavitud. Es importante recalcar que no había nada extraordinario en la persona de Moisés. Dios no lo estaba escogiendo porque no pudiera solo o porque Moisés tenía algo que Dios necesitara. Escogió a Moisés para seguir llevando a cabo Su voluntad porque así lo quiso, no por ningún mérito en el futuro legislador y estadista.

> Pero Moisés le respondió a Dios:
>
> «¿Y quién soy yo para ir ante el faraón y sacar de Egipto a los hijos de Israel?».
>
> Y Dios le respondió:
>
> «Ve, pues yo estaré contigo. Y esto te servirá de señal, de que yo te he enviado: Cuando tú hayas sacado de Egipto al pueblo, ustedes servirán a Dios sobre este monte» (Ex. 3:11-12).

El primer instinto de Moisés ante el llamado divino fue verse a sí mismo y cuestionar si era la persona adecuada para poder llevar a cabo semejante tarea. La respuesta de Dios no fue halagarlo, sino afirmarle que Él iría con Moisés a lo que lo estaba llamando a hacer.

> Moisés le dijo a Dios:
>
> «Pero resulta que, si yo voy y les digo a los hijos de Israel: "El Dios de sus padres me ha enviado a ustedes", qué voy a responderles si me preguntan: "¿Y cuál es su nombre?".
>
> Dios le respondió a Moisés:
>
> «YO SOY EL QUE SOY».

> Y añadió:
>
> «A los hijos de Israel tú les dirás: "YO SOY me ha enviado a ustedes"» (Ex. 3:13-14).

A pesar de que Dios mismo afirmó que era Él quien lo enviaba, acompañaba y capacitaba, Moisés siguió fijando su mirada en sí mismo y en los demás. Estaba preocupado por la reacción del pueblo, la forma en que tomarían la noticia y las respuestas ante las incógnitas del pueblo. En lugar de simplemente confiar en las palabras de Dios, queremos conocer todos los detalles para asegurarnos de que estaremos a salvo, en vez de simplemente confiar en lo que Dios habla y establece.

> También le dijo Dios a Moisés:
>
> «A los hijos de Israel les dirás: "El Señor me ha enviado a ustedes. Él es el Dios de sus padres, el Dios de Abrahán, el Dios de Isaac y el Dios de Jacob". Éste es mi nombre eterno. Con este nombre se me recordará por todos los siglos. Así que ve y reúne a los ancianos de Israel, y diles: "El Señor, el Dios de sus padres, el Dios de Abrahán, de Isaac y de Jacob, se me apareció y me dijo: 'En verdad he venido a visitarlos. He visto cómo los tratan en Egipto, y me he propuesto sacarlos de la aflicción de Egipto y llevarlos a la tierra de los cananeos, los hititas, los amorreos, los ferezeos, los jivitas y los jebuseos, que es una tierra que fluye leche y miel'". Ellos oirán tu voz, y entonces tú y los ancianos de Israel irán a hablar con el rey de Egipto y le dirán: "El Señor, el Dios de los hebreos, nos ha encontrado. Por eso, ahora vamos a ir camino de tres días por el desierto, para ofrecer sacrificios al Señor nuestro Dios". Yo sé que el rey de Egipto no los dejará ir, sino a la fuerza. Pero yo extenderé mi mano y heriré a Egipto con todas las maravillas que allí haré. Y entonces él los dejará ir. Y yo haré que los egipcios vean a este pueblo con ojos bondadosos, para que cuando ustedes salgan no se vayan con las manos vacías. Al contrario, cada

mujer le pedirá a su vecina y a quien viva con ella alhajas de plata y de oro, y vestidos, con los cuales vestirán ustedes a sus hijos y a sus hijas. Así despojarán a los egipcios» (Ex. 3:15-22).

Moisés no estaba siendo llamado a una tarea fácil y menos sin dificultades. Sin embargo, Dios afirmó tener el control. Nuevamente, no se trataba de qué tan buen trabajo podía hacer Moisés, sino del poder inigualable del Dios todopoderoso en el cumplimiento de Su plan perfecto. Moisés solo tenía que confiar en Dios, obedecer y entender que Dios obraría mediante su vida y que él no tenía que hacer todo en sus fuerzas o sabiduría.

Moisés respondió:

«Va a resultar que ellos no me creerán, ni oirán mi voz. Más bien, dirán: "El Señor no se te ha aparecido"».

El Señor dijo:

«¿Qué es lo que tienes en la mano?».

Y él respondió:

«Una vara».

El Señor le dijo:

«Tírala al suelo».

Y él tiró la vara al suelo, y ésta se hizo una culebra, de la cual Moisés huía. Entonces el Señor le dijo a Moisés:

«Extiende tu mano, y toma la culebra por la cola».

Y él extendió la mano y la tomó, y la culebra se volvió una vara en su mano.

«Con esto creerán que se te ha aparecido el Señor, el Dios de tus padres, el Dios de Abrahán, Dios de Isaac y Dios de Jacob».

> Además, el Señor le dijo:
>
> «Mete ahora la mano en tu pecho».
>
> Y él metió la mano en su pecho, y resultó que al sacarla ésta estaba leprosa como la nieve. Entonces dijo:
>
> «Vuelve a meter la mano en tu pecho».
>
> Y Moisés metió otra vez la mano en su pecho, y al sacarla de nuevo del pecho, ésta estaba tan limpia como la otra carne.
>
> «Si resulta que a la voz de la primera señal no te creen ni te obedecen, te creerán a la voz de la segunda. Y si ni siquiera con estas dos señales te creen ni oyen tu voz, tomarás agua del río y la derramarás en el suelo; y el agua que tomes el río se convertirá en sangre al tocar el suelo» (Ex. 4:1-9).

Moisés podía cuestionarlo todo, pero el peso no estaba en su capacidad, sino en las afirmaciones soberanas del control de Dios. Dios estaba llamando a Moisés a confiar en que Él cumpliría Su Palabra y que le tocaba depender de Su poder para llevar a cabo la tarea asignada.

> Entonces Moisés le dijo al Señor:
>
> «¡Ay, Señor! Yo nunca he sido hombre de fácil palabra, ni antes ni ahora que hablas con este siervo tuyo. Y es que soy muy lento para hablar, y mi lengua es muy torpe».
>
> Pero el Señor le respondió:
>
> «¿Y quién le dio la boca al hombre? ¿O quién hizo al mudo y al sordo, o al que ve y al que no ve? ¿Acaso no soy yo el Señor? Así que anda ya, que yo estaré con tu boca y te enseñaré lo que tengas que decir».
>
> Y Moisés dijo:
>
> «¡Ay, Señor! ¡Por favor, envía a quien debes enviar!».
>
> Entonces el Señor se enojó con Moisés, y le dijo:

> «¿Acaso no conozco yo a tu hermano Aarón, el levita, y sé que él habla bien? Pues él saldrá a recibirte, y al verte su corazón se alegrará. Tú hablarás con él, y pondrás las palabras en su boca, y yo estaré con tu boca y con la suya, y les enseñaré lo que tienen que hacer. Así él hablará con el pueblo por ti, como si tú mismo hablaras, y tú hablarás con él como si hablara yo. Y con la vara que tienes en la mano harás las señales» (Ex. 4:10-17).

Moisés tardó en entender que la vida de fe que era llamado a vivir no descansaba en su capacidad ni en sus obras, sino en la obra de Dios a través de su vida. Él buscó resaltar sus insuficiencias que lo desacreditaban para llevar tremenda tarea asignada por Dios, pero nuevamente vemos cómo la reafirmación de Dios no era para levantar la autoestima de Moisés, sino para que entendiera que era Él mismo llamándolo, capacitándolo y quien tenía el poder de cumplir con el plan previsto.

Esta historia nos refleja. Muchas veces fallamos también en depender de Dios porque seguimos esforzándonos en nuestros propios méritos en lugar de confiar y descansar en Aquel que nos llama. Fallamos en vivir en paz cuando vemos el caos y, en lugar de alzar el rostro para ver al que nos sostiene, nos vemos a nosotros y nuestras circunstancias y comenzamos a temblar. Vivir dependientes de Dios es la clave para una paz que perdure a pesar del caos inmenso que pueda haber a nuestro alrededor.

CAPÍTULO 10

EL VERDADERO DESCANSO

Todos los capítulos anteriores han puesto en evidencia que el verdadero descanso no brota de nuestra humanidad ni de algo que podamos construir solo basados en nuestras propias fuerzas. Todos hemos buscado el descanso de maneras totalmente diferentes y llegamos a los mismos resultados porque hemos descubierto que nuestras acciones e intentos son insuficientes para proveer aquello que anhelan nuestras almas. Por tanto tiempo hemos buscado un descanso que está directamente ligado, por ejemplo, a un estado de ánimo o una emoción, y hemos fallado en encontrarlo.

Algo que me llama la atención es que desde el comienzo de la creación se presenta este concepto del «día de reposo», como un mandato directo de Dios a Su pueblo:

> Dios terminó en el día séptimo la obra que hizo; y en ese día reposó de toda su obra. Y Dios bendijo el día séptimo, y lo santificó, porque en ese día reposó de toda su obra (Gén. 2:2-3).

El tema del descanso no debemos percibirlo simplemente como un mandato a cumplir, sino que fue instituido por Dios como un regalo para nosotros. Él escogió un día para bendecir y reposar de todos nuestros afanes y tareas bajo el sol. Dios no necesita descansar; pero Su creación, incluidos nosotros, sí. Dios no se detiene, continúa sosteniendo absolutamente todas las cosas y haciendo nuestro mundo girar. Si Él dejara de sostener el universo, todo lo que existe se volvería un caos, porque nuestro Dios establece el orden y la continuidad del universo hasta su más mínimo detalle.

Sin embargo, nosotros somos seres finitos y nos agotamos, debemos detenernos para renovar nuestras fuerzas. Tenemos ciertos niveles de energía, nuestra fuerza es limitada y necesitamos descansar para reponer fuerzas y poder funcionar. Pero, sobre todo, no fuimos creados para vivir de manera independiente, sino dependiente de nuestro Creador.

Desde el comienzo de las Escrituras, se nos enseña que el tema central ha sido la dependencia de Dios; es decir, considerar el reposo de forma integral, algo tanto espiritual como físico. A veces, limitamos el descanso a solo detenernos, pero va más allá de simple inactividad. Desde el principio, el reposo apunta como una sombra a alguien más grande, Cristo mismo. ¡Él es nuestro verdadero descanso! Por eso perdemos de vista lo que es tener un verdadero descanso cuando meramente vamos tras un estado de ánimo o descanso físico momentáneo y fallamos en entender que Cristo es nuestra fuente de paz, gozo y descanso.

Entender que todo fluye de Dios y que dependemos completamente de Él es la única manera en que podemos verdaderamente descansar. Tenemos que aprender a decir que no, y entender que no necesitamos tener todo bajo control. Además, podemos trabajar y dedicarnos a lo que Dios nos llama a hacer desde una actitud de descanso y no de estrés, ansiedad, temor u opresión. Me encantan las palabras que encontramos en Isaías:

> Pero los que confían en el Señor recobran las fuerzas y levantan el vuelo, como las águilas; corren, y no se cansan; caminan, y no se fatigan (Isa. 40:31).

Incluso podemos regresar a las palabras de Pablo:

> No lo digo porque tenga escasez, pues he aprendido a estar contento en cualquier situación. Sé vivir con limitaciones, y también sé tener abundancia; en todo y por

> todo estoy enseñado, tanto para estar satisfecho como para tener hambre, lo mismo para tener abundancia que para sufrir necesidad; ¡todo lo puedo en Cristo que me fortalece! (Fil. 4:11-13).

Estos dos pasajes tienen en común que manifiestan una confianza y dependencia total de Dios que va más allá de las circunstancias y hasta de las afrentas. No logramos vivir en el descanso de Cristo porque no solo dejamos nuestra salvación a un lado, sino que erróneamente estamos tras la aparente vida perfecta que nos garantizará una vida libre de estrés y ansiedad, sin comprender que eso es un mero espejismo en este mundo roto y caído.

UN DESCANSO MÁS ALLÁ DE SIMPLEMENTE DETENERSE

He afirmado que el descanso es una persona, y no un estado de ánimo. Eso cambia radicalmente nuestro entendimiento del significado de la palabra «descanso» o «reposo». Entonces ¿cómo vivir en ese descanso? Para empezar, si no vemos el reposo establecido en la creación a través del lente correcto, se nos hará difícil entenderlo y vivirlo. Ya mencioné que la verdadera paz y descanso del caos de la vida no es un resultado de la inmovilidad, sino de una dependencia correcta de Dios. Me encanta la manera en que lo describe Alexis Pérez:

> Es interesante que, mientras el huerto del Edén permaneció como lugar de reposo, no hubo mandato expreso de Dios sobre el descanso. Quizás esto se debió a que Adán no tenía que guardar el séptimo día para reposar, pues vivía en un constante reposo delante de Dios cumpliendo sus responsabilidades. Por otro lado, es posible que, en su estado no caído, Adán conocía perfectamente bien su ritmo de trabajo y descanso sin necesidad de un mandato como lo tenemos en la ley de Dios [...]. Es importante entender

> que el reposo no es un estado donde no tendremos nada que hacer, sino un estado de plena confianza y comunión con Dios que nos habilita para cumplir nuestras responsabilidades delante de Él, sin el fastidio, ni las frustraciones ni la fatiga emocional tan típicas del trabajo después de la caída.[1]

Alexis Pérez nos dice que no se trata meramente de bajar la velocidad de nuestros quehaceres, sino de tener la motivación correcta en nuestro corazón con respecto al trabajo. Adán tenía trabajo y responsabilidades, sin embargo, todo lo que hacía venía directamente de una obediencia y dependencia de Dios, no de querer tener el control de su vida. No había ese afán y obsesión que enfrentamos en nuestro mundo caído, sino un descanso pleno en medio del trabajo establecido por Dios.

Ya les he dicho que el descanso va más allá del concepto que tenemos de hacer una pausa a nuestras obras. Limitar el descanso a solo esos momentos en los cuales nos detenemos por completo es perder el punto del descanso en Dios que debe estar presente aun en medio de nuestras actividades diarias. Analicemos la situación de Jesús ante los fariseos al hablar del día de reposo:

> Un día de reposo, mientras Jesús pasaba por los sembrados, sus discípulos comenzaron a arrancar espigas a su paso. Entonces los fariseos le dijeron: «¡Fíjate! ¿Por qué hacen éstos en el día de reposo lo que no está permitido hacer?». Jesús les respondió: «¿Nunca leyeron lo que hizo David con sus acompañantes, en aquella ocasión en que tuvieron hambre? Pues entró en la casa de Dios y comió los panes de la proposición, que sólo a los sacerdotes les es permitido comer, ¡y hasta los compartió con sus acompañantes! En aquel tiempo Abiatar era el sumo sacerdote». También

1. Alexis Pérez, «El reposo de Dios», *Biblia temática de estudio*, págs. 82-83.

> les dijo: «El día de reposo se hizo por causa del género humano, y no el género humano por causa del día de reposo. De modo que el Hijo del Hombre es también Señor del día de reposo» (Mar. 2:23-28).

Es fácil caer en el legalismo y convertir al descanso en una carga u obligación. Los fariseos perdieron totalmente el significado del descanso, que es básicamente el fruto de vivir confiados y dependientes de Dios. Ellos veían el descanso como una carga y obligación legal en lugar de un deleite en Dios. Por eso me encanta cómo Jesús los confronta al afirmar que el día de reposo fue creado para la humanidad y no al revés, y que Él seguía teniendo dominio de todo, aun del día de reposo.

Nuestra pecaminosidad hace que sea fácil pervertir absolutamente todo, aun el día de descanso. Sin embargo, volvamos a las palabras de Alexis Pérez, porque dice que no se trata de dejar de trabajar, sino de trabajar desde un estado de plena confianza y comunión con Dios. Regresemos a la historia que vimos en el capítulo 8, cuando el pueblo de Israel estaba en el desierto recibiendo provisión de alimento de manera milagrosa. Dios les mandó guardar el día de reposo como un resultado de obediencia y confianza en la provisión de Dios para sus necesidades y la seguridad de que continuaría teniendo cuidado de ellos más allá de sus esfuerzos y obras. El descanso en Dios no es detenerse, ya que ese descanso se experimentaba también todos los días al confiar en que la provisión llegaría por la misericordia del Señor.

¡Ese es el punto! La verdadera paz viene de poder descansar en Dios y no en nosotros mismos. Buscar un verdadero descanso solo en medio de nuestros esfuerzos nos seguirá llevando al mismo agotamiento del caos del que no terminamos de huir. Debemos aprender a vivir en completa confianza y dependencia de Dios para alcanzar ese descanso en Cristo en cada área y temporada de nuestras vidas.

VIVIR DESDE EL DESCANSO

Si el descanso en Cristo va más allá de las circunstancias y emociones, entonces es importante recapitular todo lo hablado hasta este punto para ver cómo se aplica de manera práctica en nuestras vidas. Aunque mi oración es que este libro te haya edificado, lo cierto es que el libro mismo no resolverá en un instante los asuntos de tu corazón. El Señor nos va puliendo diariamente para ser más como Cristo y poder vivir la vida conforme a Su voluntad.

Podemos tener muchísima información en nuestras cabezas sobre el descanso, pero de nada sirve si ese conocimiento no transforma nuestros corazones. Solo con la ayuda del Espíritu Santo podremos vivir por completo desde la paz de Cristo. En diferentes momentos tendremos tentaciones de volver a nuestros viejos patrones de control y ansiedad, por lo que solo podremos permanecer firmes con Su ayuda. Me gustaría que regresemos al pasaje de la armadura que vimos en capítulos anteriores:

> Por lo demás, hermanos míos, manténganse firmes en el Señor y en el poder de su fuerza. Revístanse de toda la armadura de Dios, para que puedan hacer frente a las asechanzas del diablo. La batalla que libramos no es contra gente de carne y hueso, sino contra principados y potestades, contra los que gobiernan las tinieblas de este mundo, ¡contra huestes espirituales de maldad en las regiones celestes! Por lo tanto, echen mano de toda la armadura de Dios para que, cuando llegue el día malo, puedan resistir hasta el fin y permanecer firmes. Por tanto, manténganse firmes y fajados con el cinturón de la verdad, revestidos con la coraza de justicia, y con los pies

> calzados con la disposición de predicar el evangelio de la paz. Además de todo eso, protéjanse con el escudo de la fe, para que puedan apagar todas las flechas incendiarias del maligno. Cúbranse con el casco de la salvación, y esgriman la espada del Espíritu, manténganse atentos, siempre orando por todos los santos. Oren también por mí, para que cuando hable me sea dado el don de la palabra y dé a conocer sin temor el misterio del evangelio, del cual soy embajador en cadenas. Oren para que lo proclame sin ningún temor, que es como debo hacerlo (Ef. 6:10-20).

Nuestra vida en esta tierra estará sujeta a luchas y tentaciones porque no solamente somos carne sino también espíritu, y a veces ignoramos el lado espiritual de nuestra vida. Por eso se nos dejan estas instrucciones sobre mantenernos firmes y vestirnos de la armadura espiritual, para no caer y poder hacer frente al día malo. Esta exhortación se aplica a todas las áreas de nuestras vidas, incluida nuestra búsqueda de paz verdadera en medio del caos.

Constantemente seremos tentados a buscar tener control de nuestras vidas cuando todo parece desvanecerse de nuestras manos. Seremos tentados a pensar que Dios nos ha abandonado o ha perdido el control de nuestras vidas porque todo parece estar de cabeza. Pensaremos que debemos actuar en nuestras fuerzas para asegurarnos el futuro. Aunque sabemos que ese anhelo humano es imposible y no lo hemos alcanzado en múltiples oportunidades, igual en nuestra carne débil somos propensos a regresar a patrones equivocados cuando dejamos de mirar a Jesús.

Vestirnos de la armadura espiritual nos ayudará a estar equipados para pelear contra las tentaciones y mentiras que puedan venir hacia nosotros y mantenernos firmes siempre. Aunque la paz de Dios es accesible, de alguna manera también nos tenemos que esforzar para alcanzarla en el sentido de que debemos recargar nuestras propias fuerzas y regresar una y otra vez a la fuente verdadera.

ES TIEMPO DE CAMINAR

Les he mencionado que siempre habrá tentaciones que buscarán robarnos la paz. En esos momentos, debemos recordar las verdades inmutables y poderosas de Dios para no dejarnos arrastrar por el caos. Mientras escribo este capítulo, estoy con un dolor físico que no ha cedido desde hace meses y probablemente no se detendrá hasta que tenga a mi bebé en mis brazos. El líquido extra que tengo ahora en mi cuerpo se ha estado acumulando en mis manos y brazos produciendo el síndrome del túnel carpiano, que es básicamente líquido extra ejerciendo presión sobre mis nervios y tendones. He pasado noches sin poder dormir por el dolor y he tenido que interrumpir hasta las tareas cotidianas más comunes.

Debo confesar que me he sentido frustrada porque mi lista de pendientes se vuelve infinita antes de dar a luz. Esta situación ha producido que sea tentada a caer en patrones de pensamiento anteriores, donde siento que debo esforzarme mucho en hacerlo todo para así alcanzar la paz mental y emocional. Es tan fácil regresar a viejos patrones porque las tentaciones siempre estarán presentes. En este momento, puedo ver mi lista de pendientes, pero el fin de todos ellos no llegará cuando tenga a mi bebé en mis brazos. Luego se iniciará otra jornada que conlleva sus propios retos, responsabilidades y listas de quehaceres.

Este proceso me ha ayudado a mantener presente todo lo que les he venido compartiendo a lo largo de este libro. No se trata de la paz que puedo alcanzar por mis esfuerzos, sino de una paz que brota de una plena confianza en Dios. Debo recordar diariamente que Dios conoce mi situación, temporada y responsabilidades y que Él me cuida, sustenta y capacita. Mi confianza en Dios me ha hecho soltar muchas cosas para poder priorizar lo verdaderamente importante. Estoy sorprendida de la tranquilidad que he logrado experimentar aun sabiendo que habrá muchos pendientes que no quedarán *perfectos* como yo quería o como creía necesario. Recuerda soltar el control y reconocer Quién está realmente en el trono.

Esto es lo que me lleva una y otra vez a la misma conclusión de que la paz no es producto de nada que yo pueda hacer, dejar de hacer o lograr con mis propios esfuerzos, sino que la verdadera paz se obtiene únicamente mediante la persona de Jesús. El descanso en Cristo va más allá de solo sentir paz y buscar evadir las emociones negativas producto del caos y del cansancio. Es poder vivir desde esa paz que solo Cristo entrega a pesar de lo que pueda estar ocurriendo en nuestras vidas. Encontrar descanso no es hallar una pastilla mágica que soluciona los problemas en un instante, sino que podemos ser transformados por el Señor para enfrentar lo que venga, porque sabemos que el resultado final no descansa en nuestras fuerzas ni capacidad.

Repito: el verdadero descanso no es un estado de ánimo sino una Persona. Cualquier descanso que buscamos en esta tierra siempre nos dejará en el mismo estado espiritual, aunque nos proporcione un descanso físico temporal. Es tiempo de que, como hijos de Dios, dejemos de ser arrastrados por las corrientes caóticas de este mundo y podamos aferrarnos al Príncipe de paz.

Es posible que por ignorancia hayamos permitido el pecado, pero es tiempo de dejar de correr agotados y comenzar a caminar con paso firme. Es tiempo de dejar nuestros viejos patrones y vivir la vida que tenemos el privilegio de tener en Cristo. Ya basta de permitir nuestro pecado y pensar que es normal vivir de esa manera solo porque no se ve tan grave como el pecado de alguien más. Es necesario renovar nuestras mentes con la Palabra para vivir una vida agradable a nuestro Creador y poder experimentar esa paz que es inexplicable en medio de un mundo caótico.

CAMINAR PARA SERVIR

De todo corazón, espero que este libro te haya ayudado a enfrentar esas mentiras y patrones que has vivido por tanto tiempo y han hecho de tu vida un caos. Sin embargo, quisiera aclarar un punto sumamente importante y relevante para este tema. Si buscamos la paz y el descanso solo para ya no tener ansiedad ni estrés y sentirnos bien emocionalmente, es fácil terminar anhelando un descanso egoísta para alcanzar nuestros propios objetivos.

Como ya lo he dicho en varias oportunidades, experimentar la paz de Dios es lo que nos lleva a poder vivir una vida en obediencia. Dios nos pide que muramos a nosotros mismos, tomemos nuestra cruz, hagamos discípulos, amemos a los que nos aborrecen, perdonemos, sirvamos y vivamos para Él. Nada de esto será posible cuando buscamos cuidar nuestra espalda y asegurarnos de tener lo que *merecemos,* y que todo salga conforme a nuestras expectativas. Solo seremos capaces de vivir una vida sacrificial cuando nuestra mirada está puesta en Aquel que logra satisfacerlo todo. Esto me hace pensar en la canción de Majo y Dan llamada «La carrera», porque me recuerda que Dios no me pide correr más, avanzar más o hacer más, sino descansar en Él para detenerme a ayudar alguien más:

De tanto correr, correr
Me cansé, sentí no respirar
Y no poder ya más.
Intenté, traté y me esforcé
En ser la más veloz
Creyendo así podría ser feliz.

Pero una voz tan apacible
Llegó a mí en la debilidad
A decirme: «Ya no corras,
Ven, que te enseñaré a caminar»
A caminar
A caminar

Me caí y ahí entendí
Oh, cuán equivocada estaba en mi
Forma de vivir
Tratando de ganar, perdí
De vista lo más importante de
De mi existir

Pero una voz tan apacible
Llegó a mí en la debilidad
A decirme: ya no corras
Ven, que te enseñaré a caminar
La carrera de la fe
No es la que trata de velocidad
Es aquel que se detiene
Por alguien más que podrá avanzar
Ven a caminar
A caminar
A descansar
Puedes descansar

Y de tanto correr, correr
Descansé y pude respirar.[2]

El verdadero descanso nace cuando vivimos confiados y dependientes de Jesús. Esa realidad debe llevarnos a bajar la velocidad de nuestros afanes para enfocarnos en lo

---

2. Escrito por María José Solís y Danilo Ruiz. Producido por Israel Hermosillo y Danilo Ruiz. Álbum *Cuando todo se detiene,* 2021. © 2021 Heaven Publishing, © 2021 CanZion.

verdaderamente importante. Tantas veces estamos tan cegados con nuestros planes y expectativas que no podemos formar nuestros propios caminos a la paz y solo terminamos frustrados al fallar terriblemente.

Quiero ejemplificar lo que acabo de decir mostrándote las luchas de mi corazón con la intención de ilustrar lo fácil que es caer en el egoísmo y cómo la paz de Dios es capaz de obrar para poder vivir una vida que lo glorifica. Ya les mencioné que he estado lidiando con un dolor severo en mis brazos y manos. Este dolor aparece cuando hago cualquier tipo de movimiento, por más sencillo que sea. Al dolor se agrega la presión en mi cuerpo, ya que estoy en mis últimos meses de embarazo. Estoy lidiando con tobillos hinchados y me duelen las piernas y los pies. Aunque estoy megafeliz, emocionada y agradecida por este bebito y no cambiaría por nada lo que estoy viviendo y lo haría mil veces más, lo cierto es que ha sido un reto este último tiempo.

Estos malestares me han sacado algunas lágrimas de frustración por el cansancio o simplemente por la incomodidad. Hace unos días, mi papá iba a venir a ayudarme a mover algo de la oficina y cuando estaba por llegar, me llamó y me pidió que le hiciera un sándwich. Aunque no le dije nada, tengo que admitir que dentro de mí me molesté, porque en lo último que podía pensar era en preparar comida, debido a que me sentía cansada y dolorida. Empecé a luchar en mi corazón pensando que él debería estar trayéndome comida en lugar de pedirme que yo la prepare, por más sencillo que fuera.

Mientras estaba en medio de mi guerra mental, me entró un momento de convicción. A pesar de estar lidiando con mis síntomas, lo cierto es que me había estado sintiendo mejor de lo que me había sentido en mucho tiempo. No solo eso, sino que estaba experimentando la fidelidad de Dios al ayudarme a ir adelantada con mi trabajo y mis pendientes. En ese momento, sentí convicción de que la paz que había podido experimentar no era solo para descansar y tener una vida más ligera, sino también para poder servir a otros.

Como hija de Dios, soy llamada a servir, y ese servicio no está limitado a mi comodidad o cuando la situación parezca justa. Es en momentos como el que les acabo de contar en los que mi carne quiere gritar: «¿Y qué hay de mí?», pero Dios trae Su paz que me fortalece para morir a mi carne y recargarme con las fuerzas y el contentamiento que vienen de Él para honrarlo en cada momento de mi vida.

Este es solo un pequeño ejemplo para ilustrar que la paz de Dios debe llevarnos a vivir más en servicio y sacrificio. Nada de lo que Dios nos da es para crecer en egoísmo, sino para ser santificados todos los días. Su paz es la que te ayudará no solo a enfrentar el caos, sino también a poder vivir en obediencia. En nuestra carne y sin Cristo, no podremos hacerlo, porque de forma natural nos cansamos de pagar bien por mal, de servir cuando se nos responde con egoísmo y de morir a la carne cuando parece que se toma ventaja de nosotros. Prestemos atención a las palabras de Pablo cuando habla de la armadura:

> Oren también por mí, para que cuando hable me sea dado el don de la palabra y dé a conocer sin temor el misterio del evangelio, del cual soy embajador en cadenas. Oren para que lo proclame sin ningún temor, que es como debo hacerlo (Ef. 6:19-20).

Podemos ver que la paz y el contentamiento en la vida de Pablo no venían de buscar evadir el estrés y los problemas, sino de confiar en que Dios lo sustentaría para hacer lo que lo llamaba a hacer. Pablo entendía que no había nada más valioso e importante que predicar el evangelio y vivir bajo la voluntad de Dios, aunque vivir para Cristo le causara dolores y complicaciones en esta tierra. La vida cristiana no tiene nada de sencilla, requiere de acción y sacrificio, y cuando se vive en nuestras fuerzas se vuelve desgastante. Solo en Dios podemos encontrar la paz suficiente para seguir dando, amando y sirviendo como Él lo hizo.

DESDE AHORA HASTA LA ETERNIDAD

Ha llegado el tiempo de vivir desde la paz de Cristo. Se trata de una paz que va más allá de la definición de paz humana. Recordemos las palabras de Jesús:

> Estas cosas les he hablado para que en mí tengan paz. En el mundo tendrán aflicción; pero confíen, yo he vencido al mundo (Juan 16:33).

No quiero que al concluir este libro termines con una falsa esperanza de que hay posibilidades de vivir una vida libre de aflicciones y eso nos permitirá alcanzar la paz. Amo esas palabras de Jesús porque hablan con verdad de la realidad de que vivimos en un mundo caído y lidiamos con el pecado de mil maneras todos los días. Sin embargo, nada de eso debe robarnos nuestra paz, porque el caos que enfrentamos no es la fuente de nuestras esperanzas, sino la victoria que tenemos asegurada en Cristo Jesús.

Por eso es tan importante este tema, porque naturalmente vivimos basándonos en nuestros conceptos construidos por la cultura y el pensamiento contemporáneo de lo que es experimentar paz en medio del caos. El problema con estas cosas es que no recibimos lo que ofrecen y solo terminamos frustrados y sin esperanza porque se trata de promesas que Dios no ha establecido. La única manera de vivir el propósito de Dios en nuestras vidas y caminar la vida como creyentes de manera valiente es entendiendo que no solo se trata de lo que esté pasando en este preciso momento pasajero de nuestras vidas, sino de la esperanza que tenemos a la luz de la eternidad con Cristo:

> Pues no tengo dudas de que las aflicciones del tiempo presente en nada se comparan con la gloria venidera que habrá de revelarse en nosotros. Porque la creación aguarda con gran impaciencia la manifestación de los hijos de Dios. Porque la creación fue sujetada a vanidad, no por su propia voluntad, sino porque así lo dispuso Dios, pero todavía tiene esperanza, pues también la creación misma será liberada de la esclavitud de corrupción, para así alcanzar la libertad gloriosa de los hijos de Dios. Porque sabemos que toda la creación hasta ahora gime a una, y sufre como si tuviera dolores de parto. Y no sólo ella, sino también nosotros, que tenemos las primicias del Espíritu, gemimos dentro de nosotros mismos mientras esperamos la adopción, la redención de nuestro cuerpo. Porque con esa esperanza fuimos salvados. Pero la esperanza que se ve, ya no es esperanza, porque ¿quién espera lo que ya está viendo? Pero si lo que esperamos es algo que todavía no vemos, tenemos que esperarlo con paciencia (Rom. 8:18-25).

Hay que recordar que este mundo es pasajero. La realidad de que nos espera una eternidad en el verdadero descanso debería llevarnos a respirar más profundo y recordar de dónde viene nuestra esperanza. Este mundo no es para siempre, y no tenemos ni siquiera garantizado el día de mañana. No pongamos demasiado nuestros ojos en nuestro presente y futuro, como si de ahí brotara la esperanza para una vida libre de ansiedad y estrés. Un enfoque equivocado hace que nuestra esperanza termine temblando, porque no entendemos cómo nuestros esfuerzos no han sido capaces de darnos lo que anhelamos.

Recordemos el evangelio diariamente y mantengámonos esperando la segunda venida del Salvador. Hay un pasaje al que voy con regularidad, porque me ayuda a poner mi enfoque en el lugar correcto:

> Puesto que ustedes ya han resucitado con Cristo, busquen las cosas de arriba, donde está Cristo sentado a la derecha de Dios. Pongan la mira en las cosas del cielo, y no en las de la tierra. Porque ustedes ya han muerto, y su vida está escondida con Cristo en Dios. Cuando Cristo, que es la vida de ustedes, se manifieste, entonces también ustedes serán manifestados con él en gloria (Col. 3:1-4).

Los hijos de Dios ya no podemos vivir sujetos a los mismos patrones del mundo. Ahora tenemos una vida en Cristo y, por lo tanto, debemos buscar las cosas de arriba, las cosas eternas. Así dejaremos de aferrarnos a los afanes y de poner nuestra esperanza en ellos. Experimentar paz en medio del caos es totalmente posible, pero para eso necesitamos poner nuestra mira en el único que es capaz de calmar las tormentas y silenciar el miedo de nuestras almas. Hoy puedes iniciar una nueva jornada en tu vida en la que, en lugar de ser azotado por las olas, puedes caminar sobre las aguas porque dependes de tu Salvador y confías en Él.

PALABRAS FINALES

Vivimos en un mundo hermoso y lleno de la sabiduría de Dios, pero también caído y manchado por el pecado. No solo luchamos contra nuestro propio pecado, sino que también somos afectados por el mismo. Vivir en un mundo caído e imperfecto hace que experimentemos también estrés y ansiedad con tal fuerza que llegan momentos en que toman total control de nuestras vidas. Si no detectamos y afrontamos estos males, empezarán a convertirse en un patrón aparentemente normal pero destructivo para nuestras vidas. Ese es el origen y la razón por la que nos mantenemos en una vida que permanece constantemente en el caos.

Esa manera de vivir es contraria a lo que nos dicen las Escrituras sobre vivir en la paz de Dios. Cuando somos tan arrastrados por las voces de nuestro tiempo que fomentan el estrés y la ansiedad, se nos dificulta ver la solución a esos dilemas con claridad. Nuestro mundo nos empuja a buscar una paz frágil y momentánea y nos lleva a seguir caminos que se venden como la dirección correcta, sin darnos cuenta de que estamos girando en círculos en el mismo lugar caótico y sin avanzar.

Debemos darnos cuenta de nuestra fragilidad, pecaminosidad y lo equivocado de nuestro actuar para exponerlo a la luz de las Escrituras y ser guiados por la Palabra de Dios, de manera que podamos transformar y renovar nuestra forma de pensar y enfrentarnos a la vida. Lo cierto es que sí es posible vivir en paz, pero no tiene nada que ver con ofertas temporales o con nuestros esfuerzos humanos insuficientes.

Los hijos de Dios tenemos acceso a una paz, promesas y verdades increíbles, pero que pasan desapercibidas debido a las distracciones y ofertas de la cultura y la sociedad contemporánea. Debemos poner primero nuestro enfoque en la cruz y la obra redentora de Cristo para recordar cuál es nuestro verdadero norte y destino, más allá de las circunstancias temporales.

Solo en Él podemos encontrar el **verdadero descanso** que anhelan nuestras almas.

Solo en Él podremos encontrar la **verdadera paz** en medio del caos que nos rodea, porque la paz que buscamos no es una emoción ni una situación particular, sino una persona:

¡Jesús!

AGRADECIMIENTOS

Me siento tan agradecida a Dios no solo por darme la oportunidad de publicar este libro, sino por la obra que continúa haciendo en mi vida. No deja de asombrarme Su grandeza, misericordia y gracia al no dejarme atascada en mi pecado y seguir usándome a pesar de mis insuficiencias. Vivo eternamente agradecida a Jesucristo por Su sacrificio y obra completa y perfecta.

Gracias a mi amado esposo Jaasiel por apoyarme en esta jornada. Soy bendecida de tenerte a mi lado y no solo porque me apoyas, sino porque me impulsas diariamente a fijar mi mirada en Jesús. Gracias por amarme y retarme en cada época de la vida.

Gracias, Pepe, por el trabajo tan increíble que hiciste al editar esta obra. Este libro definitivamente no hubiera sido lo mismo sin tu esfuerzo y trabajo. Siempre es un placer trabajar contigo.

Gracias Giancarlo, César, Joel y todo el equipo de Lifeway. Soy muy bendecida de poder trabajar con ustedes nuevamente. Gracias por la oportunidad que me dan de poder escribir de todo aquello que Dios va haciendo en mi vida.

¡A Dios sea la gloria!

REFLEXIONES PERSONALES

ESTUDIO BÍBLICO EN 10 SESIONES
JEN WILKIN
INCLUYE ACCESO A VIDEOS DE ENSEÑANZA
APOCALIPSIS
Rey Eterno, Reino Eterno